我有一个虎爸爸

写给天下爸爸的心里话

丁丁 著

化学工业出版社

·北京·

本书是丁丁从四年级时一次背诵《三字经》的经历开始，记录的她与虎爸爸之间发生的一系列真实的让女儿"胆战心惊""斗智斗勇""惊心动魄""喜形于色"的家庭教育小故事。"不眠之夜""我的紧箍咒何时休""和虎爸爸玩躲猫猫""藏在汉堡里的爱"，一个个家庭生活情景，充满童真童趣，让人忍俊不禁。同时书中点评者对每个故事以"专家点评"的方式剖析，为家长成为研究型、成长型父母，提供了极佳的视角认识和反思。

图书在版编目（CIP）数据

我有一个虎爸爸：写给天下爸爸的心里话/丁丁著.
—北京：化学工业出版社，2020.1
ISBN 978-7-122-35837-0

Ⅰ.①我… Ⅱ.①丁… Ⅲ.①中小学生-家庭教育 Ⅳ.①G782

中国版本图书馆CIP数据核字（2019）第278183号

责任编辑：李玉峰　　　　　　　　　装帧设计：史利平
责任校对：边　涛

出版发行：化学工业出版社（北京市东城区青年湖南街13号　邮政编码100011）
印　　装：三河市航远印刷有限公司
880mm×1230mm 1/32　印张$6\frac{1}{4}$　字数111千字　2020年2月北京第1版第1次印刷

购书咨询：010-64518888　　　　　　　售后服务：010-64518899
网　　址：http://www.cip.com.cn
凡购买本书，如有缺损质量问题，本社销售中心负责调换。

定　　价：29.00元　　　　　　　　　　　　　　版权所有　违者必究

以孩子的名义

这世间的很多事都是偶然的,女儿丁丁的这本书《我有一个虎爸爸——写给天下爸爸的心里话》就纯粹是偶然。

在我们这个70后家庭里,属虎的爸爸占有绝对权威,家长制作风比较浓厚。记得有个暑假,虎爸爸坚持要女儿把《三字经》背熟,我则坚持先征求孩子的意见,胳膊拗不过大腿,我的观点没有说服他。他从网上买来《三字经》,给孩子规定了背诵时间,言之凿凿每天检查。女儿当时上四年级,很是抗拒,为此哭过好多次。看着可怜的女儿,再想想虎爸爸多年来的教育方式,我对孩子说:"心里有情绪就写出来,把你不喜欢的爸爸的教育方式写出来,把你心里想对爸爸说的话写出来。"当天下午,女儿一气呵成,写下了《〈三字经〉风波》。

女儿好像终于找到了情绪表达的出口。此后的日子里,只要对爸爸的教育方式有不满的地方,有感动的地方,她就拿起笔来写。写虎爸爸的蛮横、强权和不给面子,当然,也写虎爸爸的温柔、善良、勇敢、冒险、爱和温暖。

其实,虎爸爸的很多教育方式也是我不能接受的。他很偏执,也很执拗,总认为自己的教育方式是对的。我曾经想耐心地和他交流,但他油盐不进,听不进我的任何劝解。

家庭教育的最终目的是什么？不就是把孩子培养成一个身心健康、快乐成长的孩子吗？如果孩子不能拥有一颗阳光自由的心灵，即便考试得高分，又有多大的意义呢？

市面上大多数关于家庭教育的书籍，主要是家长或者专家写的。那么，我们何不换一种方式，来听一听孩子内心真实的声音？

教育，永远没有标准答案，也没有最终答案。我们所需要做的，就是倾听和探寻。所以我认为，女儿的这本书，就是以孩子的名义向家庭教育发出的声音。当然，之所以鼓励女儿写这样一本书，是为了培养她自己和自己对话的能力，培养她的观察和思考能力；也为了记录她的生活，记录她天真的童年，乃至童年里的困惑和烦恼；更为了一颗童稚不羁的灵魂，穿越一切迷雾和障碍，自由地呼吸和生长。

女儿的这本书，从四年级开始写，一直零零散散写到初中毕业，她写得非常认真，一字一句把自己的苦闷和喜乐写进了一个个方格里。她的草稿，我已为她珍藏。每次拿出来看，都会被她稚嫩的心灵所感染，也会在她生动天真的文字中忍俊不禁。孩子的每一步足迹都值得我们珍惜，也值得我们好好珍藏，为此，我决定把她的这些文字收集起来，将它们装订成册，在为她举行成人礼的时刻当作珍贵的礼物赠送给她。这是她的足迹，也是她的成长，更是孩子回馈给家长们的生动教材。

对于家长来说，学习永远在路上；对于孩子来说，愿他们拥有一个健硕的身体，一颗欢乐生长的心灵，一片自由呼吸的天空。是以为记。

——丁丁的妈妈

做研究型父母,
与孩子共成长

收到小作者丁丁同学的书稿时,我正处于孕晚期。小作者的妈妈,也是我研究生时的好友,轻描淡写地说:你以读者的角度给点评两句。我以为是一部作文书稿呢,对热爱写作的我来说,写点评不是什么难事,于是欣然应允了。没想到,之后却让我陷入了无比纠结的状态中。

让我纠结的第一个原因是,小作者写的是日记,反映的却是家庭教育的话题,从家庭教育的角度去点评,我不够格。因为我不是家庭教育专家,我也不是优秀家长。第二个原因是,我跟小作者妈妈的关系,我们是好朋友,丁丁的日记,大部分都是在批驳爸爸,我若在点评中认同小作者的观点,会不会让虎爸爸很没面子?第三个原因是,腹中的二宝即将出生,我会不会有时间沉下心来思考这些问题?纠结中,我想推脱掉此项重任,但最终没有这么做,只因我跟儿子的一次对话。

2017年年末的最后一天,我跟儿子做了一件事——盘点一下"2017年之最",比如"最快乐的事""最喜欢的一本书""最难忘的一节课"……一共罗列了十多项。其中在回答"最喜欢的一本书"时,7岁的儿子脱口而出:"《我有一个虎爸爸——写给天下爸爸的心里话》!"之前我打印了书稿给他读过几章,这本未出版的作品居然成了儿子年度最喜欢的读本!他的回答让我有些惊诧。

"为什么?"

"因为我也有个'虎'爸爸!"

"不会吧?你爸爸又没这么严厉地骂过你!而且即便有,也不是经常!"

"就那几次也算!不是'虎'爸爸,也是'豹子'爸爸!"

"那妈妈呢?"

见爸爸得到儿子如此评价,我很想了解自己在儿子心目中的形象,并且我很自信满满认为他对我的评价不会太差。没想到儿子说:"你就是个'变色龙',刚才还很温柔,'啪'一下就对我暴怒!"我以为他在故意跟我开玩笑,没想到儿子一脸认真,没有丝毫逗我玩的意思。

"'豹子'爸爸,'变色龙'妈妈!"儿子的回答,让我有种从未有过的挫败感,我自认为很懂教育、自认为做得很优秀,在有了他之后,我一直在学习,家庭教育的专著看了一本又一本,比起那个从不学习的爸爸,应该合格多了吧?没想到,在孩子面前几乎是同一等级的评价。

儿子的反应,不禁让我再次郑重地拿起这本书稿,从孕晚期,到二宝出生,到二宝满月,到孩子一天天长大,在休产假的这4个多月里,我每天都在思考着这部书稿,小作者描述的有时仿佛不是她的虎爸爸,而是我本人,是一个时代成千上万的虎爸爸虎妈妈。

他们爱孩子,裹挟着爱的名义,对孩子擅自干涉;口头上宣称与孩子平等,行动上却居高临下;口头上宣称民主,行动上却管制强加;口头上宣称快乐比成绩更重要,行动上却看到孩子的一次低分便着了急;口头上给孩子自由,行动上却看到别的孩子报班学习自己也蠢蠢欲动……他们对孩子的暴怒、情绪化,无不投射出自己内心的焦虑,缺乏定力，没有坚定信念。如果给他们画一个群像，他们表情上写的一定不是快乐，不是从容，不是淡定，而是两眼焦灼，满心急躁。

反思着自己的行为，反思着自己家庭的教育，反思着身边更多人的教育，我不再纠结，开始认真地审视虎爸爸，剖析虎爸爸，审视自己，剖析自己，我不再碍于虎爸爸会不会没面子，我是不是专家，权当是对我的家庭教育进行了一次剖析和反思。因此，点评中我对虎爸爸的批驳，其实更多地是对自己的批驳。从小作者的呐喊反抗中，我似乎看到了儿子也像小作者一样委屈过，流过眼泪，内心默默反抗过，只是我没有觉察到而已。

可以说，这是一部为家长敲醒警钟的著作，它比教育专著更贴近孩子心理。读这部书稿，让我前前后后对自己的内心进行了一次彻底剖析，让我跟自己的灵魂进行了一次深层次的对话：我们到底为什么会这样对待孩子？教育的目的到底是为了什么？我们究竟该怎么做父母？这些问题，我在书中都有过思考。也许并不成熟，但那是来自一位家长对孩子提出的问题的认真思考和对待。

在此，我要感谢丁丁小作者，是她及时地敲醒了我，让我在陪伴孩子成长的路上不至于再犯更多的错。我也替更多看到本书的读者们对小作者表示感谢！她给每一个为人父母者敲了一次警钟。

这是一部把话说到儿童心坎处、让儿童找到共鸣的书。这部书在让我反思的同时，也让儿子找到了共鸣。那段时间，每天放学回来，他都要让我给他读几章书稿。其实，他已认字不少，读这么简单的书稿不在话下，我知道儿子让我读的用意，于是从头到尾给他一章章有感情地朗读。

有一次,读到《〈三字经〉风波》时,儿子捧腹大笑。因为就在前一天,我也同样让他背过《三字经》,当时他把书拿起又重重地摔下,最后又拿起,不情愿地开始哼唧,于是遭我劈头盖脸一通训:"认真点!读清楚点,就这么哼唧,给我背10遍!"同样遭虎爸爸逼背《三字经》的小作者在书中这样写到:"当我抄完最后一个字,把笔狠狠扔掉的时候,我心中的兴奋像着了火,无处发泄。我只能把扔掉的铅笔重新拾起来,然后又狠狠扔掉,再踩上几脚,让它永世不得翻身……"

儿子听了小作者的这段描述,兴奋地大笑起来,说:"太爽快了!"一连让我读好几遍才罢休。我知道他爽快的原因,是因为小作者表达了他抗拒而被压抑的内心,把话说到了他心坎里去,替他倾泻了心中的抗拒与不满,疏解了他那颗被压抑的心灵,能个畅快吗?

这是一部从儿童角度看大人世界的充满生活气息的作品。类似上文提到的《〈三字经〉风波》里细腻、逼真、生动又有趣的文字,在本书中随处可见。比如:

交错的眉头都能夹死一只蚊子。

我刚要辩解,虎爸爸已经开始了他的虎式暴打:脚、手、嘴三大部分同时动工。

虎爸爸和唐僧长得还真有点像,皮肤都白白的,都爱念咒语。不过,唐僧的咒语是念给孙悟空的,而虎爸爸的魔咒是念给可怜的我。

……

小作者细腻生动的描述,读来让人忍俊不禁,有时又让人捧腹大笑,暗暗为其生动的文字表达能力叫好!如果去掉家庭教育这块,从赏析的角度去读,本书简直就像中小学生们喜欢的《小屁孩日记》《米小圈上学记》《小鬼当家》等书和电视剧一样有趣。无论是生动地再现爸爸骂自己的语言，还是细腻地描述自己的感受，以及小作者自得其乐、自我化解烦恼的能力，都让我这个酷爱写作的人多次叫绝！可以说，小作者丰富的表达力、敏锐的感受力与其丰盈的内心世界不无关系，在她心灵深处涌动着一颗丰富的感受世界的心，在那里，每一个细胞都是激活的。

禁不住重温一下这些鲜活的文字：

"整天就知道玩，玩能玩出成绩来吗？"

"给我把遥控器递过来！""帮我把频道调换到CCTV5""洗碗去，睡觉去！"……虎爸爸一声声命令就像无数只蚊子塞满了我的耳朵，只听到"嗡嗡嗡"一片轰鸣，内心的厌恶让我不知该如何是好。

"你就是不认真！干什么都粗心大意！我都怀疑你是不是我的孩子"，"我像你这么大的时候，比你强多了。"

"我一下子耷拉下了脑袋"，"心中的怒火燃烧起来"……"我的想法被虎爸爸一票否决，心中的怒火继续疯狂地燃烧着，升腾着……"

每次读到这些充满生命力和生活气息的文章，不禁又有点感谢虎爸爸。如果没有他的这种专制、霸道、"虎式暴打"，小作者会不会因压抑、憋闷、反抗而涌动出这些文字？记得俄国有位犹太作家肖洛姆·阿莱汉姆就是因记录后妈骂人的话，而写出了绝妙佳作。不过小作者心里一定是不愿意这样吧？

为本书写点评的日日夜夜，看着我家儿子稚气的眼神，看着他深夜里埋头吭哧吭哧写作业的情景，心中无数次涌起内疚与自责。曾多少次，我对他无理由地发火、动怒，甚至动手，而他却一如既往地依恋我，偶尔几次对他的理解和支持，都能换来他无比的开心和满意。孩子是多么容易知足！更多时候，是我们把对自己的不满足强加给了孩子！他们是多么无辜又无奈！

我曾做过教育媒体多年，工作中我认真地采写、编辑我的每一篇稿件，从中让我懂得了很多教育理念，但以前都是专家在教我怎么做父母，这一次却是**一个孩子在教我怎么做父母**，真正让我触动和行动。让我深知：知道和做到还有一段很长的距离，知识和素质永远是两码事。我们可以懂很多理念，但内化不成自己下意识的行为，那永远是形而上；修炼不到自己的内心，永远是浮于表面。真正的好父母不是说出来的，是做出来的。**真正好的教育，不是专家说了算，而是孩子说了算。**很多时候，我们是在教育孩子，更是在修炼自己。

自从有了孩子，上天不仅给了我们一个终生不被辞退的职位，还给了我们一份世界上最强悍的力量，我们一直感受着这个力量的托举。每位家长都是自己孩子的学生，每一天孩子都在考我们家长，和孩子相处就是孩子出的"试卷"。我们是不是真心爱孩子，是不是真心地在提高，都要接受孩子这张试卷的考核。

在点评这部书稿之前，我正在做一个"写育儿日记，做研究型父母"的课题。丁丁这部书稿无意中给了我很大支持，她从一个孩子的角度写父母的教育方式，让我们深深悟到：好的家教方法不是从书上学来的，而是需要不断地实践、不断地总结、不断地肯定、不断地修正，最后才能找到最适合于自己孩子的家庭教育方法。我希望更多父母都能加入到我们的研究中来，做研究型父母，与孩子一起共成长！

孟欣玫
于清华园

引子

  老虎是百兽之王，而我的家中也有一只"老虎"，当然，不是真正的老虎，而是我的爸爸。因为爸爸生肖属虎，而且对我管教很严，所以被我称之为虎爸爸。我的家里还有一个兔妈妈（因为我的妈妈属兔），经常在虎爸爸欺负我时来保护我。

  虎爸爸和兔妈妈的性格是截然不同的：一个霸道，一个温柔；一个专制，一个民主。在我家里形成一个鲜明的对比。

  其实，虎爸爸长得并不凶，身高有1.73米，胖墩墩的，五官端正，眉清目秀，有人说，我爸爸长得像香港明星梁朝伟。如果单看外貌的话，你一定觉得他是一个帅气、阳刚、和蔼可亲的好脾气的人。但是他却具有虎的脾性：勇敢，爱冒险，霸道……比如：带领大家走天险、下深海，喜欢挑战困难，没有他怕的，绝对的虎王风范；家庭生活里则自我、霸道，经常因为一点小小不言的事就生我和兔妈妈的气，从不听取别人的意见，自己做错时不但不承认错误，还坚持己见从不改正等等。

  自从2001年8月3日我在这个地球上诞生后，就开始了与虎爸爸为伴的日子。十几年来，我与虎爸爸发生了很多很多的故事，有的故事让我胆战心惊、急中生智，有的让我爱恨交织、喜形于色，还有的让我心中涤荡、久久难忘。接下来我和虎爸爸的故事上演了……

目录 CONTENTS

第一篇 家庭学习辅导
001

第一章 快乐比分数更重要 / 002

《三字经》风波 / 003

不眠之夜 / 009

憎恶的数学 / 014

越自律越自由 / 020

第二章 鼓励引导胜过暴力惩罚 / 025

题海战术 / 026

和虎爸爸玩躲猫猫 / 032

暴力作业真不是个滋味 / 038

老虎也温柔 / 042

第二篇 亲子关系
047

第三章 做民主型家长，向专制说不 / 048

为什么受伤的总是我？ / 049

笔走丢了 / 054

不给面子的虎爸爸 / 058

窝火的早餐 / 065

第四章　虎爸爸别样的爱 / 071

藏在汉堡里的爱 / 072

十点回家记 / 076

大方与小气 / 081

路灯下的身影 / 085

第三篇
人格培养

091

第五章　维护孩子的自尊心，是对孩子最温暖的爱 / 092

豆腐乳风波 / 093

虎爸爸说我算个啥 / 099

虎爸爸叫我臭臭 / 103

和虎爸爸一起奔跑 / 109

第六章　用放大镜看孩子的优点 / 115

我是瑕疵，你是翡翠 / 116

虎爸爸变身男人婆 / 122

虎爸爸叫我滚蛋 / 127

第七章　父母是孩子的根 / 132

献血勇士 / 133

勇敢的虎王 / 137

我的"名牌"鞋 / 141

第四篇
家庭矛盾

147

第八章　把选择的权利交给孩子 / 148

换书风波 / 149

都是本子惹的祸 / 155

我的紧箍咒何时休 / 160

第九章　温馨的家是孩子成长的乐园 / 165

醉鬼虎爸爸 / 166

坐山观虎斗 / 170

一天到晚忙碌的他 / 174

虎爸爸恶语大袭击 / 179

虎爸爸温情话语暖人心 / 181

假如我是虎爸爸（代后记）/ 182

第一篇
家庭
学习辅导

第一章

快乐比分数更重要

《三字经》风波

"太好了！放暑假了！"当班主任老师宣布放假的那一刻，我在心中狂喊着飞奔到家。回家后，把书包扔向沙发，把自己扔到床上，吃着心爱的零食，美美地计划着这个假期该怎么过。正在这时，我那可爱的虎爸爸回来了，我有种不祥的预感。怕鬼偏有鬼："丁丁，放假了吗？"我在心里"嗯"了一声。虎爸爸离开了我的房间，旋即又回来了，手中多了一本书——《三字经》，"暑假重点任务，背熟《三字经》。我给你算了，一天背十张大纸，你就可以玩十天，十张小纸，玩一天。我每天都检查，背不熟，可别怪我不客气。"说完就大摇大摆地走了。

"唉！又没法玩了，暑假作业还要写十五天呢！怎么玩？"我闷闷不乐地想。翻开《三字经》，看着那十张厚厚的大纸，我像一只泄了气的皮球一样无精打采。嘴里嘟囔着："人之初，性本善……"背完后，又继续背着明天的、后天的。前几天都背得熟熟的，可是后几天脑子就像抽筋了一样，总是背不过。不是这儿少了一句，就是那儿背错了，一连几天我被虎爸爸批得"鼻青脸肿"，虎爸爸从一开始的满意度100%一下子降到了47%。

每次背诵时，我战战兢兢、如履薄冰般站在虎爸爸高大的形象面前，像一棵卑微得随时被踩倒的小草一样，声音小得自己都听不见。虎爸爸听着我不着调的句子，气势汹汹："你这孩子就知道玩，不给我背熟《三字经》，就罚你一天抄十遍。"我的心里像翻滚的油锅一样，煎熬煎熬滴，内心反抗的声音一浪盖过一浪："我给你背诵《三字经》，凭啥啊？要背你自己背，凭什么要我背？让我背不就是为了你在别人面前有面子吗？再说了，我又没有玩，你知道我为了背《三字经》熬了多少天了吗？我日日夜夜地背，昏头昏脑地背，还不是为了讨你的欢喜？"

但反抗没用，委屈也只能在心里，在虎爸爸的强权面前，我只有低下自尊的份。几天过去了，我背的内容仍然不能令虎爸爸满意。无奈之下，虎爸爸施展了他的撒手锏：好记性不如烂笔头！抄写！

就这样，整个假期，我基本上是在和《三字经》打交道。手抽筋了，脚麻木了，眼累晕了，我依然抄啊抄。功夫不负有心人，不知经过多少个日日夜夜的劳动，我终于成功地抄完了《三字经》。当我抄完最后一个字，把笔狠狠扔掉的时候，我心中的兴奋像着了火，无处发泄。我只能把扔掉的铅笔重新拾起来，然后又狠狠扔掉，再踩上几脚，让它永世不得翻身。我知道铅笔没错，可是，难道是我错了吗？

虽说经过了九九八十一难挑战成功了让人厌恶、让人厌烦的《三字经》，但好运气仍然没有降临到我的头上来。

开学第一天,我兴冲冲地背着书包上了学,中午回家时,"好运"当头响:"丁丁!你给我背一遍《三字经》!"虎爸爸又命令道。"完了,这次彻底完了!"暑假背的《三字经》早就忘得一干二净了,脑子空空如也,我绝望地想。

果然不出我所料,没背过《三字经》,虎爸爸不让我上学啦。还使劲敲我的头。我的头很痛,见离着门近,急忙打开门一溜烟地跑掉了。好险!《三字经》差点害了我。

唉!《三字经》啊《三字经》,不要再折磨我了,我好想把你剋一顿!晚上,我做梦,梦到《三字经》小天使对我说:"你永远都背过《三字经》了!"耶!谢谢小天使!

"我的心声"随笔:

背《三字经》是为了虎爸爸在外有面子？

"让我背不就是为了你在别人面前有面子吗？"

"我日日夜夜地背，昏头昏脑地背，还不是为了讨你的欢喜？"

"我只能把扔掉的铅笔重新拾起来，然后又狠狠扔掉，再踩上几脚，让它永世不得翻身。"

"《三字经》啊《三字经》，不要再折磨我了，我好想把你剁一顿！"

撷取文中几个片段，不由得对小作者惟妙惟肖的描述暗暗佩服！《三字经》作为国学经典，无数人从中学到了智慧、学问与做人的道理，可是小作者却把如此美的经典厌恨到想剁一顿的地步。这不是《三字经》惹的祸，而是虎爸爸强加、命令式的方式导致的。

让女儿背诵《三字经》，本意是好的，可女儿却认为是虎爸爸为了让自己在别人面前有面子。此言一出，家长可能有点出乎意料，可这就是孩子的真实想法。想想，为什么孩子会这么认为？是不是你曾在别人面前以孩子为资本夸赞？这回被孩子抓了把柄。即使努力背诵，也是为了讨大人欢心，而不是为了自己。

　　女儿的心声吐槽的何尝不是大部分孩子的心声？为什么孩子会认为学习不是为了自己，而是为了家长？因为这是外加的，不是发自内在的。儿童认知发展心理学家皮亚杰认为：儿童学习动力来自已有知识经验不能解决现在遇到的新问题，所以产生了探究欲，是认知冲突和认知失衡带来了动力。当我们设置认知冲突，促进其产生认知失衡的时候，孩子才会产生认知动力。产生动力后，不是领着往前走，而是应该有自己"思想当中的路"，也就是思路。

　　因此，背诵《三字经》背后，更重要的一环是调动孩子的自觉、自学能力，让孩子发自内心地认识做这件事的意义，缺了这一环节，直接施加外力，不但破坏了亲子关系，而且会事倍功半，甚至是事倍功无的。

家长教育感悟:

不眠之夜

和虎爸爸生活这么多年来，我总结出了一条规律：虎爸爸一般是两天一小怒，三天一大怒。我自认为学习成绩尚可，但虎爸爸和兔妈妈在辅导作业方面发挥各自特长：兔妈妈辅导语文和英语，虎爸爸辅导数学。这样一来，我感觉好像掉入了魔掌之中。因为我脑筋转得有些慢，虎爸爸脾气却像火药桶，只要我稍有差错，便会朝我发脾气。惹得我俩的关系并不融洽，我每天也都因为数学题而夜不成眠。

今天，就发生了这样的事件。晚上十点，正当我快要进入梦乡时，虎爸爸的声音响起来了："丁丁，别睡了，赶紧起来给我改题！""你就不能不做错题啊！"听到虎爸爸的嚷嚷声，我极其不情愿地穿上刚刚脱下来的衣服，从和周公下棋的梦中醒来。我的眼皮紧紧地包住眼球，丝毫睁不开眼。我想，此时的我一定像个小呆呆的。我有心不起，有心想继续睡下去，但面对即将发怒的老虎，我一千个不情愿，一万个不愿意地睁开紧闭的双眼。

只见眼前一片朦胧，只有虎爸爸高大的影子映入眼帘。"哎，今天又没好觉睡了。"我懊恼地想着。"诺，改错！"虎爸爸大力地吼着。我几乎是爬着奔向作业本，一步三回头地看着我至爱的小床。

此时睡眼蒙眬的我思考错的题目，脑子总是卡壳。"脑子晚上又不转，不是说一日之计在于晨嘛，晚上要睡觉了哪有精神？虎爸爸真是发疯了。"我暗暗地想着。桌子上的闹钟走了一圈又一圈，最后，我终于把题磨叽出来了。得到允许，我赶紧爬上床，想继续和周公下棋，但此时却睡意全无。

嘀嗒嘀嗒，时间转到了早上。我又听到了火山爆发似的吼叫："昨晚没改对，继续改！"就这样，我度过了一个不眠之夜。如果这样的不眠之夜≤10的话，或许我还能忍受。然而，伙伴们，我可几乎是日日夜夜忍受这样的折磨。"哎，谁让我没投好胎，摊上虎爸爸这样的爸爸呢？"

比改错题更重要的是孩子的睡眠

针对本文,引发我对两个问题的思考:一、改错和孩子的睡眠,哪个更重要?二、改错是在提醒她下次不再犯,还是强化错误?

首先,深夜10点,揪醒熟睡中的女儿改错题,看似严格要求,实则是想发泄看到女儿出错后的怒火。难道改错题比孩子的睡眠更重要吗?

研究表明,孩子的学习成绩和睡眠时间长短有非常密切的联系。睡眠时间低于8小时的,61%的成绩较差,其中考试能及格的仅占39%;而每晚睡眠时间8~10小时的学生中,76%成绩中等,11%成绩优异。

这是为什么呢?因为睡得太晚、睡眠不足,会导致孩子记忆力衰退、注意力不集中,阅读和反应能力也跟着迅速下降,从而影响孩子的听课效率和对新知识的接受能力,进而影响成绩。而睡眠充足的孩子,每天精神抖擞,大脑思维活跃,上课时跟老师积极互动，把知识都理解了，下课写作业也会得心应手，自然花的时间也相对较少，从而形成一种良性循环。

因此，比改正错误更重要的是孩子的睡眠，家长在坚守自己原则的同时，也要学会处理好这种关系。否则通过剥夺挤压休息时间，来改几道错题，实在得不偿失。

其次，揪错不放，其实是强化了出错的行为。通过惩罚的方式降低孩子再次犯错误的概率，这其实是一种负面强化。

心理学家斯金纳提出了一种强化理论，认为人或动物为了达到某种目的，会采取一定的行为作用于环境。当这种行为的后果对他有利时，这种行为就会在以后重复出现；不利时，这种行为就减弱或消失。人们可以用这种正强化或负强化的办法来影响行为的后果，从而修正其行为。

体现在学习中，如果我们总是告诉孩子哪里错了，总是注意这个缺点，总是批评她，她也总是关注这个"错误"，并不断发现做题老错的证据，孩子就会确信自己肯定每次都要出错，就会进一步强化这个行为。相反，如果换种说法："这次你竟然做对了多少道题，很不错！""这次做题的正确率竟然达90%"，孩子就会关注自己的"正确率"，就会受到激励和支持，下一次出错的概率就会越来越少，这就是一种正强化。

同时，孩子做题错误，家长需要做的不是盯着她去改了错就完事，最好是能跟孩子一起分析错误的原因，找到症结，才不会同样的错屡次犯。

憎恶的数学

语文、数学、英语，都是我很喜欢的科目。我平衡发展，并不偏科，只是偶尔在数学科目上有点转不过脑筋来。可是自从虎爸爸辅导我数学以来，我厌恶数学，憎恶数学，在虎爸爸的魔掌中，受尽了折磨。

一个狂风暴雨的早上，我还没起床，就被虎爸爸一声紧似一声地吵醒了："起来改题，昨晚又做错了一道。"我朦朦胧胧地起床，坐在书桌前，努力地睁开眼睛，看着那一个个阿拉伯数字。可是，面前的题目真不给我面子，任凭我努力地想，却怎么也想不出该怎么做？眼看着7点了，马上到上学的时间了，我心里更是火急火燎。

"怎么还没想出来？你的脑子到底是干啥用的？"伴着虎爸爸的一声声怒吼，时间一分一秒无情地溜走。可我依然是呆呆的，不知是被虎爸爸的声音给吓着了，还是没睡醒，就是找不到一点头绪。这个时候的我，非常期望虎爸爸能给我点拨一下。可是抬头看看他怒气冲天的表情，我的心儿啊，因为害怕轻微地颤抖着。时间又走了不少，虎爸爸一看我没辙了，在我的耳边震耳欲聋地讲着，半点耐心也没有。我的耳朵里满满的都是他的吼声，根本听不进去。此时的我面如土色，心想："这次可完蛋了！"果不其然，暴躁的虎爸爸这个时候真的变成了一只凶恶的发狂的"老虎"，他用拿在手中吃饭的筷子，指着我的太阳穴，大挥大舞地又说了一遍。我只感觉到太阳穴的威胁，根本没心思去理会他讲的是什么！

恶果发生了，暴躁的"老虎"发威了。他抬起平时运动积攒的有力大脚，冲着小小的我和我亲密的书桌各是一脚。"呼啦"，书桌上的东东们立刻七零八落地掉在地上。看着可怜的亲们，我弱弱地想："不就是一道题嘛？至于这么大动干戈？到底是我重要还是做题重要？"反问是没有答案的，虎爸爸踹完之后，继续讲，我回答对了一部分，但后半部分还是无情地错了。虎爸爸大脚抬起，狠狠地踹了我一下。我没防备，和屁股下的椅子一起倒地。本以为这个可怜的样子，虎爸爸会饶了我。没想到，虎爸爸好像还不解恨，用他41码的脚在我的头上连拍三下："我让你这个榆木疙瘩不转！"我终于忍不住了，号啕大哭，边哭边想："兔妈妈，你在哪里？快来救救我！"可是，喊叫也无济于事，兔妈妈已经提前上班了。

没办法，为了避免更加的暴力，我拼命地转着脑袋，最后，和着虎爸爸的吼叫，连猜带蒙地把题做了出来。虎爸爸看上学的时间也马上到了，终于有了点慈悲之心，放过了我这条受尽折磨的小蛇。顾不上吃早饭，我赶紧打开家门，向着学校的方向跑去。可是，躲得过初一，躲不过十五，谁知道，这样的日子何时是个尽头？

因为虎爸爸野蛮的教育，我开始厌恶起了数学！

错误的教不如不教,真正的爱是接纳

家长能辅导孩子学习,这本身是孩子的幸运,没想到虎爸爸的辅导,却导致女儿本来喜欢的数学成了讨厌的科目。这不由得让我想起一句话:错误的教不如不教。

上次是在晚上,这次是在早上,虎爸爸揪着一道错题,把睡梦中的女儿叫醒。此处姑且不论睡眠的重要性,单揪着一道错题不放的态度就让女儿心里犯怵:到底是我重要还是题重要?一个美美的早晨醒来,迎接她的本是崭新的一天,没想到却又是改不完的错题和无休止的斥骂,谁遇到不会厌恶呢?因厌恶虎爸爸的这种折磨,进而厌恶上了虎爸爸辅导的这门学科。

通过此文,做家长的能明白孩子为什么厌学了吧?那不是孩子的错。这种情况不是孩子能力不行,水平不够,而是家长急于求成、错误的教育方式引起的。

老子有言:"处无为之事,行不言之教。"教育的最高境界是不言之教。家长不去说什么,不去指导什么,却通过身教在潜移

默化中影响了孩子。

另外，从小作者多篇文章的描述中，不难看出：虎爸爸育娃的方式基本上是"输出靠吼，学不好就揍"，三天一大怒，两天一小怒，比较情绪化。这种情绪化教育无形中会影响孩子的学习能力。

认知心理学的研究表明，情绪会影响孩子的学习动力和学习状态。人在兴奋状态时，大脑链接处于活跃期，思维也异常敏捷；而在生气或者抑郁状态时，大脑皮层基本是处于死水状态，不会产生有创意的想法。文中虎爸爸对女儿劈头盖脸的训斥，已经让女儿傻了眼，此时再让她动脑筋、倾听家长的灌输，显然是"刀枪不入"了，不是孩子主观不愿意入，而是情绪已经影响到了她大脑的反应水平，出现了自然罢工。如果虎爸爸们能了解哪怕一丁点儿童认知心理学，也不至于会犯这样的错。

在谈及孩子的同时，也不禁在想，为什么虎爸爸每次一涉及孩子的问题，都会产生情绪大波动呢？认真探寻，首先一个原因：虎爸爸不能接纳孩子的不完美，根源是他自己也不能接纳自己的不完美。认为"这么简单的题，你怎么可以出错呢？""别人都能做对，你为什么就做不对呢？""你爸数学学得好，你怎么可以这么差呢？"

其实，作为父母，要允许孩子和你的期望存在偏差。要相信自己有不完美的地方，孩子也有自己的不完美，要融洽地与自己的不完美相处，而不是跟它较劲儿，只有理解它，并接受它，它才能得到最有效的改造。

其次，父母的急躁行为，其实投射的是自己的不自信和焦虑心态。看到孩子一点点差错，就觉得孩子比别人落后了，就开始着急，恨不得一天之内就让孩子变成一个完人。事实上孩子的一生要经历很多阶段，上学只是其中一小段，还有工作、组建家庭、孕育下一代、步入晚年养老等，哪一个阶段我们不希望孩子健健康康、优秀上进呢？放眼将来看现在，就会发现给孩子最重要的是什么，就不会再为此刻而焦虑了。

家长教育感悟：

越自律越自由

"叮咚！叮咚！"卧室外，手机QQ传来的消息声此起彼伏，卧室内，我心不在焉地奋笔疾书。

因为迷恋手机的缘故，这周虎爸爸又冲我发了脾气。"哎，还不是因为我没有自控力，晚上玩手机太晚，被虎爸爸捉了个正着。"此时的我，内心仍无比惶恐地回忆着那不堪回首的一幕：我正用手机和好友们开始新一轮的游戏厮杀，为了避免被虎爸爸发现，还特意关了灯，躲在了被窝里。可没想到，玩得正尽兴，黑暗中出现了一只大手，以迅雷不及掩耳之势拿走了我的手机，并伴随着虎爸式的训斥和唠叨："整天玩手机，就不怕眼睛高度近视，从今天开始，手机不许动，不许玩。"自知玩手机不对，还管不住自己的我理亏，所以也不敢还嘴，拉上被子，早早睡觉了。

早上醒来，开始写作业。虎爸爸兔妈妈都上班了，家里很静，只有我笔走龙蛇的声音。突然，卧室外手机QQ的提示音响了起来，虽然很小，但在我听来，却像美妙的音乐飘入我的耳朵。只听见又有好几条消息的声音传来，这一刻，天上的白云仿佛停止了流动，楼外马路上川流不息的车辆也似乎摁下了暂停键，只剩下消息提示音一个接一个地响着,仿佛在召唤它的小主人和它亲热一会儿。我不知道虎爸爸是忘了拿走手机还是故意考验我的自律能力,竟然把手机留在了客厅桌子上。我的内心犹豫极了:"已经写了一会儿作业了,可以稍微玩一局吧,反正不超过五分钟。"但是想想昨晚虎爸爸的严厉,我的心在咚咚打鼓,我多么想看一眼小伙伴们都给我传递了什么信息。怎么办?我的内心乱成了一团麻?是约束自己呢,还是允许自己玩一会儿?

忽地,我站了起来,身体好像不受控制。我偷偷打开一道门缝,只见手机安静地躺在桌面上,旁边似乎还放了一张纸条。我几乎是跑着过去打开了留言条:"孩子,**自律是一个人最重要的品质之一,我们每一个人天性上都存在着一定的劣根性,例如爱玩、懒惰、磨蹭拖拉、爱给自己找借口、容易自满等,一个人如果不能自我克制,学会与这些劣根性做斗争的话,那么很可能终生一事无成。记住一句话:越自律越自由。给你选择的权力:看不看手机,看多长时间,你说了算。**"瞬时,我内心翻滚,虎爸爸这样说,是我始料未及的,艰难的心里斗争之后,我选择了继续读书学习。

从此,我学会了和手机相处,不再是一味地迷恋。虎爸爸的严厉监督和管教,从另一方面来说,也变相地促成了我的自律和慎独。凡事有度,过犹不及,这是兔妈妈经常唠叨我的话。

这么一说,还真的应该感谢虎爸爸的严厉呢。

戒贪和自律是人一生要修的功课

这不是一篇一般的作文、日记,而是一篇用心灵撰写的佳作。小作者细腻地描述自己玩手机的心里斗争过程,想管住自己又不由自主,担心被虎爸爸发现,又禁不住诱惑。一次完整生动的心理体验,描写得细致入微,让读者也跟着进行了一次同频体验。

克制诱惑,戒掉贪婪,做到自律,这是很多人一辈子都要修炼的功课,也是最难做到的功课。正如虎爸爸所说,自律是一个人最重要的品质之一,我们每一个人天性上都存在着一定的劣根性,例如爱玩、懒惰、磨蹭拖拉、爱给自己找借口、容易自满等,一个人如果不能自我克制,学会与这些劣根性做斗争的话,那么很可能终生一事无成。有些人因为不能管控自己,禁不住诱惑而触犯法律底线,最终走进牢狱,彻底失去自由。

虎爸爸留给孩子的这句"越自律越自由"可以说是至理名言,也是小作者家风的部分体现。虎爸爸给小作者的印象是无比威严苛刻，可纵观全书也可窥见虎爸爸坚持自律的一面，很多时候给孩子的原则雷打不动。比如用完了旧本再去换新本，让孩子养成节俭的好习惯；比如每天陪孩子做卷子；等等。从中可以看出他身教的力量。

很多时候人与人之间最大的差距就在于坚持不懈。虎爸爸送给孩子的这句名言，也适合送给我们每一个人。

读完本文，不禁也跟小作者一样，对虎爸爸的印象有了很大改变，默默地对虎爸爸佩服起来。为他的雷打不动的坚持，为他的从不给自己找借口的原则的坚守。

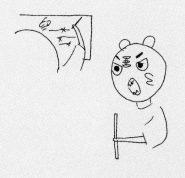

第二章

鼓励引导胜过暴力惩罚

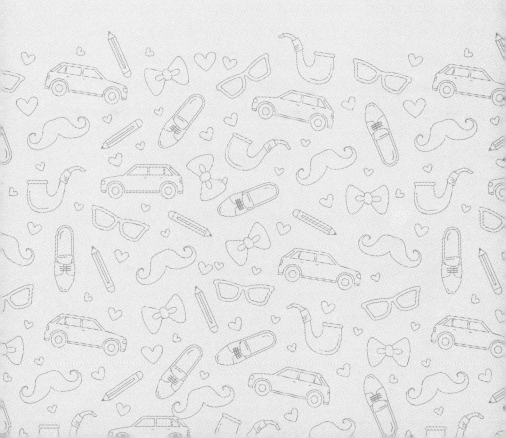

题海战术

"分、分、分",学生的命根;"考、考、考",虎爸爸的法宝。分数是虎爸爸最看好的东西了。这不,期中考试刚过,父女大战又开始了。

虎爸爸这次表现很好,和兔妈妈争着去开家长会。最后,剪子包袱锤,三局两胜,虎爸爸胜出。然而,虎爸爸却是带着兴奋而去,带着失望而归。我数学考了116分,虽然在班级内成绩也算不错,但离虎爸爸的要求差远了。一回家,虎爸爸脸色铁青,严肃地对我说:"丁丁,以后你什么特长也不用学了,就在家乖乖做题,什么时候把成绩提高上去,什么时候再报兴趣班。"听到这话的瞬间,我的心拔凉拔凉的:"哼,不让我学特长?不学我心爱的舞蹈和英语,那我就不好好学习了。"就在我表面上唯唯诺诺听从,心里却在抵抗的时候,虎爸爸的又一句话更让我感觉到崩溃:"以后放学,先把老师布置的作业尽快做完,然后每天晚上加做一套题。"

兔妈妈听到虎爸爸发出这样无情的指令,开始同情我,过来替我据理力争:"兴趣班还是该学学啊,要不以后怎么能全面发展呢?"我在心里暗暗佩服兔妈妈的善心:"还是兔妈妈的思维方式好。我可不想做学习的奴隶!"

如果举手表决的话,我和兔妈妈应该以2∶1胜出,但事实却是

"真理掌握在少数人手中",虎爸爸毫不留情地打消了我的天真想法,真正的题海战术当晚就开始了。虎爸爸下命令了:"周一做英语,周二做数学,周三做语文,以此类推。"呜呼,我说不出话。此时的我,面对着不可更改的"军令",像一个大大的受气包子,题还没等开始做,就已经开始讨厌起学习了。

讨厌归讨厌,题还得做。我拿出虎爸爸提前买的三整套典中典。今晚周一,先做英语。英语是我喜欢的科目,英语老师不仅课教得好,而且人气也特别旺,我就是英语老师的粉丝之一,平日里的英语成绩也算是不错。为了满足我对英语的进一步追求,妈妈还特意为我报了一个兴趣班。可现在的我,面对着满试卷的题目,开始犯了愁。那一个个平日里看起来蛮可爱的小蝌蚪,现在都变得那么讨厌。我知道,这一切的根源都是因为虎爸爸的题海战术。我开始做题了,一个小时的艰难奋斗,终于把今晚的任务完成了。

可这才刚刚开始呢。以后的每一天每一日,我都要在题海中奔战,这样的日子什么时候是个头呢?更可气的是,每当我在题海里遨游时,兔妈妈看我确实辛苦,就去游说虎爸爸,希望他能改变这种教育我的方式。可虎爸爸每次都意味深长地对兔妈妈说:"我这么做,可都是为了孩子啊!不做题,能提高成绩?"切!我在一边听后,禁不住嗤之以鼻,打击了我的兴趣不说,还影响我健康成长呢!

但我有什么办法呢?

"我的心声"
随笔：

学习动力从何来？

本节想重点谈的一个话题是孩子的学习动力从何来？题海战术到底是在训练熟练度、打好基本功，还是在打击孩子的兴趣？

心理学家皮亚杰对儿童认知发展的观点认为：儿童产生学习动力，最初是源于现有的知识储备和经验，以及现有理解能力都不足以理解和解释当前遇到的新情况和新问题，于是就产生了要探究这个问题是怎么回事的内在动力。这个动力是内在的，而不是家长和老师外加的。

比如虎爸爸强迫孩子做卷子，这就是一种外力，并不是来自女儿内在的动力，自然会引起孩子反感。

再比如大多数孩子不喜欢写作业，尤其是小学低年级的学生，为什么呢？因为作业是老师外加的、设置的问题，孩子本身并没有对这些问题产生内在的探究兴趣。孩子们在学校里都学会了基础知识，老师留的作业依然有这部分基础知识，这些作业他拿学校掌握的知识一下子就解决了，一看就会，没有激发他们的认知失衡和认知冲突，内在的动力就会不足。而大人们却认为孩子们需要巩固，需要重复，需要熟练，所以必须得完成作业。

这就要我们思考一个问题：孩子们学习的目的到底是什么？是为了熟练地掌握知识，还是用学到的知识解决新问题？如果把目标定位在前者，绝大部分孩子是不愿意去做的，因为这种作业并不能激发孩子的认知失衡和认知冲突，所以就不愿意做。

家长也许会问：不掌握知识，怎么解决问题呢？其实孩子们解决问题不是靠知识，而是靠思维。有的孩子掌握了知识却解决不了问题，是因为知识是死记硬背的，并没有获得知识背后的思维能力。

反观我们现在的教育，整天把孩子关在辅导班里，都是单调的重复，哪有接触新情况、解决新问题的机会？学习动力自然也就不是发自内在的那么积极主动了。

那么孩子的学习动力到底从何而来呢？0～12岁孩子主要靠环境长大，我们给孩子去有意设置一些新情况和新问题，丰富他们每天的生活状态，让他们接触新事物、新人、新领域，不断遇到新情况和新问题，不断产生认知冲突，引发他们思考，动力就来了，而不是绑得死死的，局限于书本、辅导班、课堂、考卷，那样孩子只是在被训练做一个知识的熟练工，而不是创造者和探究者。

所以还在陷入题海战术的虎爸爸们，要多思考一下你让孩子做这件事到底是为了什么？学习的目的到底是为了啥？弄清楚了目标再出发，就不会再那么焦虑了。

和虎爸爸玩躲猫猫

"哈哈！终于放寒假了，终于不用再做那些堆积如山的试卷了！"我在同学面前诉说着即将要过寒假的兴奋。同学呆呆地说："你真好运！我虽然考得并不是很好，但也是优秀啊，可是我爸让我继续做题，预习下册课本，练习三本厚厚的字帖，做寒假作业和许许多多的事情。""虎爸爸应该不会也这样对待我吧？"想到这里，我不由得打了一个寒战。

回到家后，我把书包悄悄放在房间，蹑手蹑脚想溜出去玩。可惜，还没等跑出家门，就看到虎爸爸拿着两本厚厚的习题集向我走过来。完蛋了！我顿时像霜打的茄子一样蔫儿了，"那两大本习题集，神仙都做不完呐！除非神仙有答案。"我心中想着。虎爸爸开口了："丁丁！为了你能取得好成绩，我专门去书店给你挑了两本精选习题，对你提高成绩绝对有效！谁让你一点也不争气，才考了一个满分，你看你的同学好几个是双百分呢！现在再不努力，明年你什么好初中都考不上，就整天想着玩加玩加玩，简直就是玩的平方啊！"听完了虎爸爸如雷贯耳的一通教育，我晕头转向地接过了两本十分有重量的习题集。"唉！完蛋了！这世道还让不让人活了？"

我抱着习题集既痛苦又懊恼地想：有没有个好主意救救我？

接下来，这两套习题可算是拉近了我和虎爸爸的父女关系。虎爸爸每天下班后都会走进我的房间里打探一下："今天有没有做题？"这样的习惯动作让我真真生不如死啊。哪里有压迫，哪里就有反抗。为了表示我自由的灵魂和反抗精神，我和虎爸爸玩起了躲猫猫的游戏。虎爸爸每天都要上班，只要他前脚刚出门，我就会在家中一蹦三尺高，然后赶紧打开电视，看我喜欢的电视剧。看完电视剧，再上会儿网，和小伙伴们聊聊天，玩会儿游戏，看着书房对面墙上的钟表嘀嘀嗒嗒地走着，似乎感觉时间过得太快了，一下子就转到了虎爸爸要下班的时候。

为了不被虎爸爸看出破绽，我赶紧揉了揉疲惫的眼睛，跑到书桌前，打开那两本无比讨厌的习题集，看着顺眼的就做上几道。忽然，听见虎爸爸大力的脚步声，噔噔噔，一步一步，仿佛都踩在我的心尖上。钥匙响了，门打开了。虎爸爸换上拖鞋，来到我的房间，看到我正全神贯注、聚精会神地做题，心满意足地到客厅看他心爱的足球去了。我望着他离开的高大背影，捂着嘴巴偷偷地笑了。

其实，这一切，兔妈妈都知道，她告诉我，这就是所谓的"道高一尺魔高一丈"吧？哈哈哈。

自觉自学是任何人成功的秘诀

　　一个原本可以被小作者自己规划的快乐寒假,被虎爸爸两本厚厚的习题集顿时遮上了乌云,小作者一下子变得像打蔫的茄子。小作者的描述多么形象!可是这种一落千丈的心理变化又有哪位家长能捕捉到呢?家长只想着如何额外地施加、额外地布置、额外地规划,就连小作者同学的家长亦是如此。

　　纵观很多成功人士,他们成功的一个秘诀就是四个字:自觉自学。本来小主人公是热爱学习、热爱阅读的,但为什么跟虎爸爸玩起了躲猫猫游戏呢?虎爸爸在家时一个样,不在家时又一个样,看似孩子是对虎爸爸强制管教的对抗,但日积成习,很容易形成不自觉行为。

　　不自觉行为体现在学习中不主动,不积极探寻,只完成规定的任务,做一件事不是朝着精益求精的方向努力,而仅停留于完成而已,有时甚至都不能完成任务。体现在工作中也同样,动力不足,认识不到工作的价值,很容易职业倦怠。

好在小作者有一位理解自己的兔妈妈，所以她能把握好度，只是采取行动对抗一下虎爸爸而已，并没有因此而不自觉学习。

小作者描述的对抗虎爸爸的方法真实又生动：只要等虎爸爸一出门就上网、看电视、玩游戏、和伙伴聊天，看着虎爸爸快下班时，赶紧装作很困的样子去做题。读了不由得有点捧腹想笑，真是个鬼精灵！这些是虎爸爸不知道的，又有几个家长能知道孩子背着你时所发生的一切呢？不由得想起自己的表妹，只要舅妈一出门，两表妹就把大门一关，一个负责放哨，一个负责开电视。为了避免看电视时间久了，会发烫，通常会在舅妈下班前半小时关掉电视，拿电风扇给吹凉，丝毫没有任何破绽。

真是道高一尺，魔高一丈。孩子有时比大人聪明得多，而这些小聪明又多半是父母逼出来的！本文小作者描述出了大部分"被压迫"孩子的心声，听了他们的描述，虎爸爸虎妈妈们该知道自己强加做题的方式有多么没用，也就知道自己该怎么做了。要知道培养孩子的自觉自学能力，比做几套试卷重要得多。

放手孩子，让孩子自己做好安排，相信她能做到，才能真正培养起孩子的自觉性，才能够做到家里家外、校内校外、人前人后一个样。

暴力作业真不是个滋味

作业不出错是不可能的。但是我那认死理的虎爸爸是不容许我做错作业的。可是碰巧,老师这几天讲了新知识,我没有听懂并理解,所以作业错了一片又一片,这可让脾气不小的虎爸爸把我一顿整。

话说这天,我如往常一样,作业写完交给了虎爸爸检查。刚看完第一道题的虎爸爸一下子眉头紧锁,我发现虎爸爸这一动作的一刹那,心想:"完蛋了,又要实施封闭已久的暴力形式了。"果然不出所料,看完第三道题的虎爸爸训斥声源源不断地涌进我的耳朵:"丁丁!你的数学是怎么学的?拿去,把这几道题各抄写50遍!"我接过那本书,心里恨恨地骂道:"讨厌的数学题!为什么这么难?"我摊开书本,无奈地在本子上抄了一遍又一遍。时间无声地转动着,抄到第27遍时,时针指到了11点,我的心越来越急躁,抄题时字迹开始潦草。浓浓的睡意让我支撑不住上下打架的眼皮,我闭上双眼,一遍遍胡乱写着,写了40遍后,我似乎抛开了烦恼,趴在陪伴我左右的书桌上酣甜地睡着了……

天亮了。还没等我睡醒,虎爸爸就来了一声东方狮吼:"丁丁,抄完了没有？你看你写得太差劲了，给我重新写！"我心里犯嘀咕了："你是不是从来没有换位思考过？50遍多么麻烦！你能几分钟就搞定吗？"我拿起笔，又开始"刷刷"地写了起来，钟表"嗒嗒"地转动着。时间飞逝如流水，又抄完45遍的我累得气喘吁吁、筋疲力尽。忽然，虎爸爸朝我一巴掌打了过来，"抄都能抄错！再抄10遍！"

上午10点钟，我终于完成了任务，再看书桌上，一本厚厚的稿纸都所剩无几了。我揉着眼睛和酸痛的胳膊，抬头望了望窗外的天空，外面那么阳光，可屋内却好像黑暗笼罩。唉！暴力作业可真不是个好滋味。实施暴力作业的虎爸爸可真不是我喜欢的好爸爸。

"我的心声"随笔：

暴力作业的真正目的是什么？

是在发泄家长的不满情绪，还是让孩子巩固熟练？

要求孩子正确、准确，提高成绩，也许每一位家长都这样期待过，但问题是我们这样做的目标是什么？为了达成这些目标，除了简单粗暴地命令布置，还有无别的方式？孩子可以接受的方式是什么，有没有进一步考虑过？

显然虎爸爸是没有进一步考虑过的。他觉得"我是父亲，我为了你好，你就得听我的"。这种方式似乎沿袭了上一代教育他们的方式，没有沟通、没有交流，只有一味地命令和接受。那样的时代那样的教育，似乎并没有影响到他们的成长。但认真反思一下，那是一个多子女的时代，那是一个教育压力和竞争压力没有现在激烈的时代，那个时代大多数父母对孩子并没有什么高压的要求。如果用同一种方式去教育不同时代成长的人，显然是不太适合的。

其次，尽管优秀的孩子是可以通过大量刻意的练习铸就的，但学习有高效学习、低效学习和无效学习之分。在教学方法上，如果仅注重量、注重训练时间的长短，而不注重时间成本和目标成本，这样大量的题海战术不仅起不到作用，反而扼杀了孩子的兴趣，成了一种低效甚至无效学习。

题海训练，真正训练的是孩子的心理表征，而不是题量。

家长教育感悟：

老虎也温柔

今天晚上，我正在做英语作业，就在作业基本要完成的时候，却写错了一个单词。老师规定，即便写错了一个单词，也得不到+2分的奖励。我想把这张作业纸撕掉重新写，但是好不容易快写完了又要撕掉，又觉得不舍得。纠结和挣扎中，我的心情一下子闷了起来。我自己对这件事的选择有点艰难，怎么办？兔妈妈不在家，只有虎爸爸在看电视。没办法，我来到客厅找虎爸爸。

虎爸爸了解情况后，没有像往常那样凶暴，反倒变得很和善、温柔，这让我有点意外。他对我说："你有两个选择：第一个选择是把写错的单词划掉，重新写一遍，但是可能承担不能+2分的风险；第二个选择是把这张作业纸撕掉，重新写一遍。"我听完虎爸爸的回答后，觉得这两种选择都不符合我的心意，因为我既想得到+2分又不想重写，这对我来说真是个艰难的选择。我心如刀绞，心里两个小人好像正在打架：这个说划掉吧，不用费那么多力气；那个说别划掉，重写一遍，这对你来说又可以记忆一遍，而且还能+2分，不用冒风险。我思来想去，最后还是觉得后一个小人说得对，便一下子把作业纸给撕了下来。虎爸爸看到我的行动后，露出了难得的笑容，还伸出手，做了个胜利的姿势："Good Luck!"我有点受宠若惊的感觉，不认真写，真感觉对不起虎爸爸今天的温柔。

心里有了虎爸爸的鼓励，我开始一心一意地重写作业。这一次我细心地写每一个单词，生怕写错任何一个，慢慢地，一行一行整洁大方的作业呈现在眼前。我心里很激动，虽然对自己还不完全满意，虎爸爸也给我提出了缺点，但是写完之后我和虎爸爸拥抱在了一起，我兴奋地说："失败是成功之母。我们应该对自己严格要求，才能对得起自己，也才能赢得同学们的掌声和老师的笑脸！"

虎爸爸满意地笑了，我也高兴地笑了！如果虎爸爸天天都这么温柔，我该有多么幸福啊！

"我的心声"随笔：

孩子比大人更容易满足

  小作者的描述是多么到位,尤其是写自己内心纠结的那一段,那么细腻地写到了读者的心坎里去。小作者的作品之所以能打动读者,不仅仅在于真情实感,更来自于自己内心丰富的感受力。

  面对自己的纠结,尽管对虎爸爸倍加害怕,还是鼓足勇气去征求虎爸爸的意见。可见,虎爸爸跟女儿之间的交流表面看波涛汹涌,内在却淌着一条浓浓的爱河。没有爱为基础,女儿不一定会去请教虎爸爸。所以有爱的家庭,孩子最终不会偏差到哪里去。

  面对女儿的纠结,虎爸爸没有给她答案,而是说出两种情况可能产生的结果,让女儿自行决定。这是虎爸爸的高明之处,让女儿自己去选择,并为自己的行为后果买单。小作者不服输的勇气在此流露无遗,严格要求才能对得起虎爸爸难得的温柔,对得起自己,对得起老师和同学的掌声。

此文，我们可以感受到虎爸爸的威严背后也有可圈可点之处，小作者看到虎爸爸的温柔有种受宠若惊的感觉。读到此，读者恐怕也会受宠若惊。原来，我们不经意的一次温柔，竟会让孩子如此幸福与满足！由此想来，孩子们真的很容易满足，不曾满足的却是我们大人。

家长教育感悟：

第二篇

亲子关系

第三章

做民主型家长,向专制说不

为什么受伤的总是我？

谁家有暴力狂，谁家就摊上事儿了，就摊上大事儿了。可是，我们家就摊上了这种头等大事。

我们家的暴力狂，不用说，你们也知道，当然是虎爸爸了！上一次是作业惹的祸，这一次是因为做错事。可我不是塞翁失马——因祸得福啊！真是可怜天下"孩子心"。暴力虎爸爸把我打得可惨了！

今天，虎爸爸让我做的两道奥数题我没有做完，虎爸爸就把书一下子扔到我的身上来，砸中脖子中央，说："叫你偷懒！你不想考试了？想考个不好的成绩气我？真是没有孝心，早晚有一天就让你把我给气死了！"哼！暴力狂虎爸爸。你知不知道侮辱别人的人是很无耻的？那个被你侮辱的人肯定一辈子都瞧不起你！不就是成绩嘛，成绩又不是用来吃的，不就是想挣面子吗？用不着这么暴力！我心中气愤地想。

还有一次，虎爸爸喝醉后，乱发脾气。拿着拖鞋在屋子里追我，我们跑来跑去，虎爸爸气呼呼地说："等我逮到你，你可没有好下场。"终于在最后一刻，兔妈妈回来了，虎爸爸就开始追赶兔妈妈，兔妈妈跑得慢，结果被虎爸爸误认为是我，拿着拖鞋打兔妈妈的屁股说："让你跑，以后还敢不敢了？"说完，又向我跑来，结果好惨啊！我被虎爸爸一顿暴打，打得鼻青脸肿，淤青也多了起来。唉！虎爸爸呀虎爸爸，什么时候你能对我们温柔一点，不再打我们了？这个暴脾气什么时候才能改掉？我懊恼地想了又想。什么时候你不暴力了，不打我了，我就算过上了美好的日子。

你会非暴力沟通吗？

读罢此文，让我想到两个词：暴力沟通和非暴力沟通。

虎爸爸的沟通方式，一是骂，二是打，这两种可以说都算是暴力沟通。虎爸爸暴力的出发点并非不爱女儿，而是希望女儿更好。在女儿心目中，虎爸爸的暴力是为了成绩、为了家长的面子、是摊上了大事。虎爸爸所要达到的目的，和女儿接收到的信息完全相悖，女儿即使挨了打骂内心也不会服服帖帖。可见，暴力方式并没有达到沟通的目的，只是单方面表达宣泄了虎爸爸的情绪。

与暴力沟通相反，非暴力沟通不是为了表达情绪，而是在说明事实，沟通时注重这样四个要素：

观察——观察发生了什么，要客观、真实、不评价；

感受——向对方描述我的感受；

需要——向对方提出自己的需要；

请求——向对方提出我的请求，期待他可以采取行动，来满足自己。

在这个过程里面，用到了相应的方法和语言，来控制情绪，达到平静沟通的效果。

比如面对孩子没做完奥数题的问题，虎爸爸如果换个说法："我看到你有两道奥数题还没做完，我感到有点不舒服，因为我看重你做事的完整度，你是否愿意花点时间把它做完呢？"在这个沟通过程中表达自己的感受、需求和请求，而不是一脸的不耐烦，带着强烈的情绪，一味地表达自己的感受：你是不想考试了？考个不好的成绩专门来气我？让对方感受到强烈的指向性，不知所措，也不知错在了哪里。导致最终女儿憋了一肚子气，认为虎爸爸施加暴力，是为了面子，并非是为了自己好。

沟通是双向的，像水一样流通、往复才能达到通的效果。而表达则更多的是单方面的表述，通过语言形式和非语言形式的表现，希望达成通达、畅通的效果。如果虎爸爸换作"非暴力的方式"去沟通，是不是让女儿更容易接受呢？

笔走丢了

虎爸爸喜欢买笔，因此家中有很多大大小小的笔。虎爸爸买的钢笔也有十多支，而且大方地给了我两支，让我好好学习。

我高兴地将笔放进书包，愉快地背上书包上学去了。这两支钢笔也很忠诚地陪伴着我，上学、放学、写作业、做题。然而有一天——早晨到学校默写词语，我掏出笔袋，却发现和我每天生活在一起的心爱的钢笔不见了。我慌了神，赶紧把书包拿出来，翻了个底朝天，愣是没找到它。"我的钢笔朋友，你怎么能自己逃走呢？没有了你们，我要挨虎爸爸训斥的。"

回到家，我吞吞吐吐地向虎爸爸说明了笔走丢的情况，虎爸爸听后，火冒三丈："你让我怎么说你好呢？那支笔可是很贵的，你知不知道？我怎么生了你这么个大马虎？"还好，这次的训斥没有持续过长时间，虽然他气得像个大包子，但还是从笔筒里拿出两支钢笔，甩给了我："再给你两支，好好看好了，再不长记性，别怪我不客气。"我如获至宝，满口答应。"哎，怪都怪哪个不知名的人士，怎么能随便拿走我的钢笔呢？"我心中气愤地想。

不知怎么了，这一个月来总是不顺利，是踩了狗屎还是老天故意在和我捣乱？我的世界里真有小偷？虎爸爸给我的钢笔又不见了。

我恐怖地想："完蛋了！钢笔是找不回来了，这一次虎爸爸不会像上次那么开恩的，肯定暴力行动启动，啊……"回家后，我小心翼翼地说："爸爸，我的钢笔又不见了……"虽然我的声音小，但虎爸爸依然听了个清清楚楚："上次我说什么了？自己的东西保管不了，你还有啥本事？我看你什么笔都不要用了。"我刚要辩解，虎爸爸已经开始了他的虎式暴打：脚、手、嘴三大部分同时动工，我伴着这样的声音终于讨来了最后一支可怜的钢笔。

"哎，我又不是故意的，再说了，我又不能天天看着它们啊。当虎爸爸心目中的好孩子真难啊。"

孩子犯了错，最害怕的到底是啥？

"虎式暴打"！小作者的表达真是超级有趣，让人忍俊不禁的同时，对打骂式教育再次有了深解。

连续两次，孩子丢了贵重的钢笔，最先担心和害怕的不是这支笔还能不能找到？没有了钢笔怎么写字？这么贵重的钢笔丢了多可惜，自己怎么就那么不小心？等等，担心的却是虎爸爸的训斥和暴力行动。

孩子的心理告诉我们，虎爸爸的训斥和打骂，对解决孩子不再丢笔这个结果是不奏效的，因为孩子怕的只是虎爸爸打他这件事，而非丢笔这件事本身，这次丢了，事后有可能还会第三、第四次再犯。了解了孩子犯错后的心理状态，虎爸爸们，你们还会训斥和打骂吗？另外，虎爸爸对孩子的批评不是就事论事，而是上升到了对孩子能力的贬低，"自己的东西都保管不了，你还有啥本事？"这会伤害到孩子的自尊心。

对于孩子屡次丢笔的现象，虎爸爸应该做的是了解孩子丢笔的原因，帮其养成管理学习用具的能力，并达成约定，如果再丢，就只能自己想办法，不能再问爸爸要。这样孩子万一丢了笔，会对自己造成的自然后果负责，不但不会责怪爸爸，反而会让自己倍加小心，从看护好学习用具做起，培养起真正的责任感。

家长教育感悟：

不给面子的虎爸爸

面子，人人都有。有的人面子薄，有的人脸皮厚。我是属于前者。一般家人不会在公共场合骂孩子，因为孩子会自卑。但是虎爸爸往往都不给我面子，尤其在公共场合骂的次数最多。

有一次，因为虎爸爸给我布置了3套卷子，我没做完，就和同学一起去新华书店买书，这么一件在我看来很小的事情，虎爸爸掀起了一场大的风暴。傍晚时分，我和虎爸爸步行着去奶奶家吃饭。路上，虎爸爸开始显露他的威风了："小孩子家，谁不在家里做题？就你！"本以为他说我一句就完事了，可事情没有我想象得那么简单，虎爸爸的嘴巴就像一串炸弹，瞬间把我轰炸得晕头转向。"整天就知道玩，玩能玩出成绩来吗？""下个周就考试了，还有心情玩，小小孩，整天心里想着玩，要造反？"我耳朵边轰轰作响，说出的反驳的话也感觉有气无力："不是这样的，我同学上个周就说了约我去买书，那天你不在家，我和妈妈说的。"

谁知不反驳还好，一反驳，虎爸爸的气更大了，训斥的声音越来越大，好像这个大街上就只有我和他一样。我走路的脚步慢了下来，抬头张望了一下过往的市民。虽然他们还是各走各的路，但我感觉他们投递过来的眼神不一样,我好像还感觉到,他们有的交头接耳,有的对我指指点点,有的窃窃私语,有的还眉开眼笑,想看我的笑话。哼!看什么看,瞧什么瞧,就像你没骂过你们家孩子似的。虎爸爸,你训斥人干吗要那么大声?现在可倒好,所有人都听到了,让我多没有面子。

没面子的事多着呢。还记得不久前,我在家不小心碰破一个花盆,当时客人还在我们家里呢,虎爸爸张口就骂:"你怎么就不能小心一点?能不能给我省点心?"好像客人根本不在的样子,一点都不给我留情面。客人走的时候都用一种看不起我的眼神看我。为什么你犯了错误我们不能说你,而你时时处处事事非要管我们?再说了,即便我做错了,你在家里骂骂我就行了,非要跑到大街上骂给别人听?大家听了,以后都会怎么看我?我好讨厌你,虎爸爸!我心里气愤地想着。

如果你遇到一个这么不给你面子的虎爸爸,你可就倒大霉了。唉!面子薄了挂不住。

当众批评孩子其实是家长怕自己没面子

有一次在小区里听到两位妈妈对话。一个说,这孩子啊,在外人面前表现不好,我特别怕让人家觉得我在家里没教好,赶紧提醒孩子要道歉,要注意什么什么的,其实是说给外人听的。我当时心想:你是说给外人听的,但是孩子可不这么想,他会认为你是在损伤他的自尊心。

首先,批评孩子是为了孩子好还是为了自己的面子?试问下虎爸爸:当众训斥孩子的用意和结果是什么?是为了自己的面子,还是真的为了孩子有改进?是真心为了孩子好,还是只顾宣泄自己的情绪、发表自己的意见?

无论是虎爸爸在大街上批评孩子不想学习就想玩,还是当着朋友的面说孩子这么不让人省心?他随口说出的话,都让女儿感到无地自容、连老鼠洞都想钻,感觉没脸面再见人。

英国教育家洛克说过:"父母不宣扬子女的过错,则子女对自己的名誉就愈看重,他们会觉得自己是有名誉的人,因而会更小心地维持别人对自己的好评；若是你当众宣布他们的过失，使其无地自容，他们便会失望，而制裁他们的工具也就没有了，他们会觉得自己的名誉已经受了打击，则他们设法维持别人好评的心思，也就愈加淡薄。"本文小作者的心理，正好论证了洛克的描述。

其实，孩子的面子有时比大人的面子更重要。因为孩子每一个行为都是有原因的，这是由孩子的心理生理年龄特点所决定的。也许这些原因在成人看来是微不足道，但在孩子的眼里那是很严重的事情。不了解原因当众批评孩子，非但不能解决问题反而会使问题变得更糟，使孩子产生逆反抵触情绪，导致对孩子的教育很难继续下去。

其次，给孩子解释原因的机会。本文本来孩子是去买书，虎爸爸想当然地认为是去玩，女儿说明了原因，虎爸爸根本没听进去。其实单从学习的角度看，去书店走一圈也许要比做卷子学到的东西更多，虎爸爸不仅冤枉孩子妄加断言，还不相信孩子当众训斥，让女儿丧失自尊不说，还无处申诉。

我们都熟悉的一部影片《小孩不笨》，其中有这么一个镜头，小主人公 Jerry 想让爸爸妈妈去看自己的演出，给他们发出很多次邀请，可爸爸妈妈都以太忙没时间而拒绝。妈妈还对 Jerry 说：爸爸一小时就赚 500 块呢，有很多大生意要谈。之后 Jerry 买东西时顺手拿走了便利店的十几元钱，被找上门来后，爸爸妈妈觉得颜面丢尽，劈头盖脸给了孩子一顿打骂，而当孩子说出自己拿钱的原因时，父母顿时泣不成声，紧紧地把孩子搂进了怀里。原来Jerry是为了在节目演出前攒够500元，买爸爸的1小时去看他的演出，可惜日子一天天临近了，钱还没凑够，于是发生了那一幕。

　　孩子犯错的背后，有时藏着很多令父母动容的动机，当我们不给他们发言的机会时，也许摧毁掉的不只是孩子的自尊心，还有他们金子般珍贵的善良与感人至深的童真。本文孩子本来没错，约好友去书店看书，其主动自觉学习的精神，是多么难能可贵，可惜虎爸爸完全没有注意到，直接给她定性为就爱疯玩，谁遇到都要辩一辩了！

　　第三，我们批评教育孩子，是针对他的行为还是人格？如果把批评看作是一个作用力，当这个作用力打在孩子的行为上，孩子会朝你希望的方向去发展。但这个作用力打在孩子的人格价值上，将使孩子觉得自己没有尊严、没有价值，逐渐真的丧失自尊和价值。

　　本文虎爸爸批评孩子"小孩子家，谁不在家里做题？就你！"指责的是孩子的行为，但"小小孩，整天心里想着玩，要造反？"却是脱离了事实本身，直指孩子人格。如果像小作者一样当面回击，那么孩子还有救。因为这表明，他还有自尊心，你伤害他的自尊，他就拿起这块盾牌来和你对抗。但当孩子一旦放弃了反抗，无论你说什么，孩子都是一副死猪不怕开水烫的样子，说明自尊心已经被彻底伤透，干脆破罐破摔。

没有了自尊心的孩子，后果会怎样呢？我们看到有多少父母，他们"辛辛苦苦"把孩子的自尊心破坏掉，然后又怨天尤人："他怎么就成了这样的人呢？"难道这样还不足以引起家长们的警惕吗？

窝火的早餐

话说寒冬腊月的一天,我从起床穿衣到洗脸梳头,一切都收拾停当,就等着吃完兔妈妈亲自做的早餐,向学校进发了。可是,不愉快的事情还是发生了,虎爸爸又来找碴儿了。

事情的起因很简单。兔妈妈做的早餐是面条外加芹菜鸡蛋搭配在一起的黄金搭档。我吃饭比较挑,平日里就对芹菜没有胃口,于是,我拿起筷子不假思索地淘汰了面条里的芹菜。看看餐桌上没有可以下口的东西,怎么办?还是将就吃点豆腐乳吧。于是,我叫兔妈妈拿来豆腐乳。突然,一个火山爆发的声音传来:"吃什么豆腐乳!给你做的卤子你不吃,偏偏要吃豆腐乳。今天你必须把碗里的芹菜吃掉。"虎爸爸劈天盖地地喊着,我大气不敢哼一声。"每天就知道强迫别人,侵犯我的主权。"我气鼓鼓地想着。

可是,就在我打算顽抗的时候,虎爸爸从客厅进了餐厅。"吃!我看着你吃下去!"我开始反抗了:"我不愿意吃芹菜!"反抗无效,一切听从家中霸王:"敢不吃?不吃今天就别上学了!"我忍气吞声强压住了心中熊熊的怒火,心里暗想:"你自己不也不吃韭菜吗?平时奶奶要是包韭菜水饺,都会单独给你做出来。怎么轮到我了，就不行了？你可以抵赖，难道就因为你比我大吗？大就可以欺小吗？我不服！不服！"我在心中痛苦地争辩着。

　　此时的我越想越气，泪水早已注满了眼眶。但只要在这个家里，虎爸爸就是绝对的权威。我知道胳膊扭不过大腿，于是，眼含着泪水，一点一点强咽下面条，正眼都不瞧那些令人讨厌的、窝火的芹菜。虎爸爸大声嚷嚷着："快吃，吃芹菜！"我交错的眉头都能夹死一只蚊子："谁能救救我！"兔妈妈来了，救星来了。她坐在我和虎爸爸中间，似乎看穿了我天真的心灵。她找到了一个借口，把虎爸爸支开了。看虎爸爸不再虎视眈眈地监视，兔妈妈三下五除二，就把我碗内的芹菜给消灭了。啊，我亲爱的兔妈妈，你是多么的平易近人、善解人意啊！我心里刚刚被虎爸爸冻结的冰块顷刻间化成了融融的春水。

　　在兔妈妈的大力帮助下，我终于完成了早餐任务。我讨厌这样的早餐，更讨厌让我窝火的虎爸爸霸权管着的早餐。

家长的权威如何树立？

又是一次原本温馨的早餐，因小作者不喜欢吃芹菜遭到虎爸爸"劈天盖地"的命令：必须吃！不吃就别上学！进而引来女儿内心的反抗，反问虎爸爸为什么要强迫，侵犯自己的主权？为什么虎爸爸不喜欢吃韭菜，就可以不吃，而自己不喜欢吃芹菜，却必须得吃？难道大就可以欺小吗？

文中谈到一个话题，虎爸爸是家中绝对的权威。到底权威是什么？家长权威应该怎样树立？

常规解释，权威就是对权力的自愿服从和支持。人们对权力安排的服从可能有被迫的成分，但是对权威安排的服从，则属于认同。

从这个角度看，我们可以把家长分为三种类型：

控制型：你拥有全部的权力，孩子在你的控制下不断屈服。

娇纵型：对孩子不断妥协，大多以哄和条件交换的方式与孩子互动。

权威型：理解与接纳孩子的行为，关注孩子的感受，会有意识地培养孩子的规则意识并坚持原则。

显然，虎爸爸是属于控制型的家长，而不是真正的权威型。真正的权威光靠家长的地位和身份是不行的，更重要的是要靠家长的人格感召力。而要提高人格感召力，家长必须以身作则。常说："己所不欲，勿施于人。"要求孩子做到的事情，自己努力做到。不然的话，只能以势压人，说话不会硬气，就容易失去权威。

试想：如果有一位上级，一天到晚经常批评、贬斥、打骂、不理解你，你会心甘情愿服从他吗？建立权威是为了管理好孩子，可如果你动辄打骂、公开羞辱，孩子对你的教育方式根本不认同，他还会听你的吗？你的管教又有啥效果？

因此，树立权威，一定要奠定情感基础，要善于将心比心，善于从孩子的角度考虑问题，让孩子感觉到你爱他，理解他，他才会愿意听家长的话。尤其是要注意避免在公共场合责罚和羞辱孩子，否则一个没有自尊的孩子，又怎么会尊重父母？

家长教育
感悟：

第四章

虎爸爸别样的爱

藏在汉堡里的爱

虎爸爸虽然平日里很严肃，但我发现，在他严肃的外表下，也有一颗古道热肠的心。

我和很多小孩子一样，喜欢吃汉堡。

记得那是一个冬天的晚上，兔妈妈有事外出了，我在家写作业。晚饭时间到了，虎爸爸问我喜欢吃什么？我说想吃汉堡了。他听后，二话没说，穿上厚厚的外套就走出了家门。我专心致志地写着作业，只听得外面的风声像狼嚎一般。大约过了二十分钟，虎爸爸裹挟着一身寒气进门了。我赶紧放下手中的笔，欢呼雀跃地冲向虎爸爸。虎爸爸的棉衣上好像有很冷的寒气，我用眼睛迅速地搜寻我心爱的汉堡。汉堡呢？虎爸爸没有说话，只是向我坏笑着，然后像变魔术一样，打开了他的棉衣，我看到，两个可爱的汉堡正乖乖地待在他的衣服袖子里。原来，虎爸爸怕汉堡凉透了，便想出了这个办法。我突然觉得眼前一热，原先总觉得虎爸爸太威严，不太爱我，却原来，他的爱藏在细微之处，如果你不用心体会，根本找寻不到。

还有一次，我要出门旅游，因为走得太早，兔妈妈没有办法做早餐。虎爸爸起床之后想了想，就披上大衣出去了。当时的天气很冷，我猜虎爸爸是替我出去买早餐了。果不其然，当虎爸爸提着两个热气腾腾的汉堡回家时，看着他冷得打哆嗦的样子，我的心里被温暖团团围绕着。"是啊！藏在汉堡里的父爱是多么了不起！那两个含有爱和温度的汉堡不正是虎爸爸的爱吗？"

我又想起了，早上起床后，餐桌上他精心做好的面条，还有他平时舍不得吃、为我留下的零食，以及很多很多细小的事情。这一刻，看似威严、不讲情理、粗暴的虎爸爸变得可爱起来。原来，他的爱是藏在心里的，一般不轻易表现，只有我仔细体会、细心寻找才会发现。它虽然沉默，但一旦你感觉到了，却是无处不在、无比动人的。

曾经读过一篇描写父爱的文章，题目是《拐弯处的回头》。其实最不经意的动作往往更能表达出父爱，也证实了父爱是山，更是海。

"我的心声"随笔：

父母对孩子高级的爱是教育爱

夜里寒风中藏在衣袖里的汉堡、早晨餐桌上精心做的面条、舍不得吃为我留下来的零食,女儿发现了虎爸爸隐藏的爱,也让读者认识了一个真爱有加、威严不减的虎爸爸。

读到这一章,我不再把本书当作一部教育作品来读,似乎找到了读小说的感觉。在小作者细腻的观察中,我看到了一个性格丰满、多面、立体的虎爸爸。原来虎爸爸是有多面性的,在工作和家庭生活中是如此敬业、友善、乐于助人、关心体贴家人,但一涉及女儿学习的问题,一个焦虑、情绪不能自控、动不动就发火骂人的虎爸爸就活脱脱站在眼前。

其实,"虎爸爸式"的父爱和"虎爸爸式"的教育在中国大地上屡见不鲜,他们把对子女的爱包藏起来,露出来的都是严厉和蛮横。他们用上一代人的教育方式教育下一代人,不讲平等,不体会孩子心理,在教育孩子的问题上,就跟一个还没取得驾照就上路的司机一样,凭感觉来,凭经验来。

文学家高尔基曾说"爱孩子，那是母鸡也会的。重要的是教育孩子，而这却是一桩伟大的事业。"他强调更高一级的教育爱，才是母鸡所不可能拥有的。

　　如果爱孩子是一种本能；那么教育孩子，并非本能。它需要学习，需要艺术，需要研究，需要每位父母像对待自己的学业、事业、工作一样去认真研究。我们炒一道菜，都要研究一下食谱，何况教育孩子这样如此重要而伟大的工程呢？

家长教育感悟：

十点回家记

虎爸爸可真是太平洋上的警察——管得太宽。每到周末,是我和小伙伴们疯狂玩耍的时间,可虎爸爸警告我:"出去玩可以,但记得要在晚上十点前回家。十点前不回来,等着瞧吧。"

这个周末,我和院子里的小伙伴们约好去公园玩轮滑。出发前就已经八点多了,等真正到公园的时候,差不多将近九点了。一进入公园,我们的状态就发挥出来了,一圈又一圈,我们比着赛着,看谁能滑得快,谁更能玩出花样。不谦虚地说,我现在的轮滑水平还可以,在公园的跑道上有飞一般的感觉,真是爽啊。时间好像跑得飞快,等我抬起手腕低头看表时,坏了!已经十点整了。想起虎爸爸和我的约定,我招呼好小伙伴们,赶紧往家的方向赶。

经过一路狂奔,终于在十点十分赶到了家门口。我家住五楼,爬到四楼时,我的心已经扑通扑通狂跳不止。终于到五楼了,我小心翼翼地踮起脚尖,大气不敢出一声,先侧耳听了听屋内的动静,好像只有电视的声音,难道虎爸爸上阁楼的书房玩游戏去了?我心里胡乱猜测着。猜归猜,怕归怕,可是不能不回家吧?我把钥匙插入锁孔,慢慢转动着,生怕弄出一点声响来。我轻轻地打开房门,却发现虎爸爸正坐在沙发上一声不吭地看电视。看到我回来了,他立刻眉头紧锁地盯着我。我刚把门关上,虎爸爸就离开沙发,冲到了我的面前:"叫你几点回来?你看看现在都几点了?你看哪个小女孩这么晚了还在外面?"说着,冲着我身上就是一脚。我心想:"原本我还内疚,想向你道歉,你打我,咱们就扯平了。"但嘴上却赶紧说:"爸爸,我再也不敢了,以后一定十点前回家。"

虽然我知道虎爸爸制订的十点回家是为我好,但是偶尔一次回来晚了,也不能以大欺小啊?难不成你真是老虎吗?

有一种听话源于"怕情"

没有按照虎爸爸规定的时间回家,女儿本来已经很小心翼翼,拼了命地往家赶,尽力弥补自己的不守时。没想到虎爸爸跟预料中的一样,竟然还踹了女儿一脚。这一踹,让女儿本来想道歉、还感到内疚的心理立刻扭转,认为扯平了!虽然嘴上没这么说,但心里却是这么想的。

虎爸爸听到的只是女儿口头的道歉,却没有听到她内心真实的声音。可以说这是亲子沟通中最危险的事情。看似孩子听了你的话,其实你听到的不是她的真实心声,而是她为了临时摆脱困境而被迫屈就的"招供"。你驯服了她的外在,却没有驯服她的内心。

这样的方式,只会使孩子形成两面性人格。表面答应,内心拒绝;表面道歉求谅解,内心恨得牙痒痒;在她的内心世界里,跟你永远有一道隔阂。

这样的亲子感情,建立在"怕"的基础之上,而非爱和理解，看似孩子对你毕恭毕敬，实则是"怕你"，而非发自内心的"敬畏"。让孩子怕你，和让孩子敬畏你，这完全是两种不同的状态。前者是单向的被压抑、不敢反抗，后者是双向的有良好的感情基础，有原则，有信诺。

心理学家林文采博士将父母控制孩子的行为方式分为两种：温柔式的和强势的。

什么是温柔式的控制方式呢？

台湾女星狄莺曾在一则节目访谈中提到，自己规定孩子每天要吃多少饭，孩子不吃完，她就一直坐在那里盯着，一天可以盯7个小时，直到孩子把她规定的饭量吃完。这就是温柔式的控制方式，她虽然对孩子不打不骂，但却用自己的规则在要求着、束缚着孩子的自由，直到孩子让她满意为止。

什么是强势的控制方式呢？

比如孩子们正在客厅里玩闹，妈妈觉得心烦，于是对孩子们说："你们实在是太吵了，我都快被你们逼疯了，你们立刻、马上给我回到房间去做作业，否则，你们将会受到惩罚"。这种用不容商量的语气、动作要求孩子来顺从自己，命令、威胁、恐吓、训斥甚至打骂是强势的控制型父母最典型的策略。

控制型父母认为孩子就应该听爸爸妈妈的，让做什么就做什么，一切应该由父母说了算，不给孩子表达的机会，也不考虑孩子内心的感受，他们注重孩子的行为，却忽略了孩子其实也是有感情、思想、观点和意见的。

　　"你是希望孩子出于对你的恐惧而听从你的建议，还是出于对你的爱戴和敬重而听从你的建议呢？"这是来自《重塑儿童行为》中的一个问题。我相信每一个父母都愿意选择后者，而获得孩子的爱戴和敬重的首要前提，就是与孩子建立深厚的亲子关系。与其让孩子怕你，不如让孩子爱你，毕竟，爱才是一切动力之源。

大方与小气

　　大方与小气是一对反义词，但它们却集中表现在虎爸爸身上。虎爸爸是一个大方的人，但同时，他有时又表现得很小气。

　　说他大方，是因为每年订阅报刊的时候，他都会拿出很多钱，给我订阅很多报纸和杂志。在我家里，有《儿童文学》《小学生作文》《课堂内外》《我们爱科学》《少年文艺》等等。这些杂志的定价都不低，一般都在5到20元之间，算下来，这是一笔不小的开支。除了订阅杂志，虎爸爸平时在买书上也舍得花钱。只要他在网上看到适合我看的，总是会毫不犹豫地买下来送给我。我仔细算了算，一年下来，单单订阅刊物和买书的钱就不是一个小数目。不仅如此，虎爸爸还舍得为自己花钱。他喜欢收藏，买了很多马未都关于收藏的书；喜欢集邮，订阅了很多集邮报，买了很多邮票；喜欢体育，订阅了很多体育杂志，还买了好几副羽毛球拍。听兔妈妈讲，这些杂志和球拍都很贵。为这事，兔妈妈和他吵过好几次。

　　虎爸爸很大方，但虎爸爸有时却很小气。记得那次去张家界旅游，人家的爸爸都给孩子大票的零花钱，虎爸爸却只给了我20元，并且要我节省着花。看到人家的孩子都大大方方地买这个买那个，我却只能盘算着那可怜的钱，什么都不敢买。那个时候，我心里很愤恨虎爸爸的小气，心里非常非常失落；还有平时，虎爸爸很少为我买零食，总是在隔了好长时间后，才很小气地从超市买回一些小零食，还要存放在冰箱，规定我一次只能吃多少。切！小气鬼，吝啬鬼，我才不稀罕你那些零食呢！

你说，为什么同一个人，有的时候那么大方，有的时候却偏偏那么小气呢？

良好的家庭氛围胜过一切

为啥虎爸爸有时大方、有时小气呢？在小作者小时候也许不会明白虎爸爸的大方与小气，但随着时间的推移，一定会深深明白虎爸爸的这一优良品质。

从本文看似一对矛盾的命题中，我们看到了一个热爱读书、兴趣广泛、积极上进、俭以养德、充满正能量的虎爸爸，跟前面提到的那个"紧箍咒""虎式暴打"的虎爸爸截然不同，这个虎爸爸让我们欣然敬佩！并从他身上看到了整个家庭的书卷气息和良好家风！

小作者能站到旁观者的角度审视，这位虎爸爸原来竟然有这么多优点。此文，让我们看到虎爸爸另一面的同时，也看到了小作者的另一面，善解人意，能一分为二地看人看事，懂得父母的良苦用心，在其受委屈、受压抑、不停反抗的内心世界里，同时还藏着一个细腻看生活、温柔看世界、自带小太阳的阳光心态。小作者敏锐的感受世界的能力，与这个家庭给予的浓浓的爱不无关系。

尽管这个家庭有时也会乌烟瘴气，有时也会电闪雷鸣，但从小作者的作品中，我们可以窥探到，蕴藏在这个家庭中更多的是爱，夫妻之间、长辈与晚辈之间浓浓的爱，还有健康积极、自强不息、不断进取的浓浓的学习氛围，这些就像水一样，让孩子置身其中，润泽着孩子成长。

读到最后，让我思考的一个话题是：家庭氛围和家教方式的关系，也许更重要的是前者。家教方式不当，会影响到孩子的健康成长，也许会让孩子流很多无辜的眼泪；而家庭氛围如果不好，伤害的也许是孩子的一生。当然，二者都好，这才是我们追求的最美愿望和目标。

家长教育感悟：

路灯下的身影

上初中后,我便开始了坐校车的学习生活。每天晚上九点十八分,校车会准时到达我家小区北面的马路上。

每次下了校车,马路的另一侧,总会发现一个高大的身影——虎爸爸。其实我不愿意他来接我,离家这么近,我完全可以自己走回去。可每次提出这样的要求,都被虎爸爸以"女孩子一个人走夜路不安全"为由给拒绝了。我本以为他也就是接个一次两次完事,因为他毕竟看起来那么忙。可整整一个学期过去了,他几乎风雨无阻。兔妈妈曾经以开玩笑的口吻和我讲过,说虎爸爸即便喝得酩酊大醉也忘不了到路边等我,听兔妈妈这么说时,我的内心涌动起一股暖流。没想到虎爸爸这么细心,这么有耐心和爱心。这不像我心目中的虎爸爸啊!

还记得有一个晚上,雨下得很大,我忘了带雨伞,心想这下完了,准会被淋个落汤鸡。没想到校车停下后,我正打算冒雨跑回家,就在准备下车时,一双温暖的大手把我拉进了怀里,抬头一看,是虎爸爸!他正撑好了雨伞等我呢,心头瞬间一暖!我俩肩并肩往家走去。路上,虎爸爸总是把伞往我这边挪,我推过去他不让。回到家后，换衣服的间隙，我看到虎爸爸背后被雨淋湿了一大片，一股感动涌上心头。

初中三年，虎爸爸就是以这样的方式陪伴着我。我似乎真正体会到了父爱的沉默和父亲如山地高大。

专家点评

父亲的爱为什么总是藏起来？

跟前面几章尽揭虎爸爸的短不同，本文记录了虎爸爸让女儿感动的一面，即便是醉酒的状态、下大雨的时刻，也会不折不扣去等女儿。跟虎爸爸惯有的给小作者留下的独裁、专横、管控、不懂尊重、爱发脾气、伤人自尊等印象相比，这次虎爸爸给小作者的印象是没想到"这么细心，这么有耐心和爱心。这不像我心目中的虎爸爸啊！"简单的一句话，不仅道出了小作者对父亲一直以来的不理解，也道出了中国大多数父爱的模式，他们爱孩子，却以隐藏的方式去爱，让孩子感受到的不是正面的爱，却是严厉、苛刻、专制等负面的效果。

其实纵观全书内容，虎爸爸无论是对孩子显现出来的凶，还是表现出来的爱，其骨子里都是建立在对孩子爱的基础之上。可是爱孩子，却为什么没有让孩子感受到爱呢？这也许就是我们的方式出了问题。大部分家长，是没有经过任何科学培训就去养育孩子的。开一辆车都要提前去考驾照，养一盆花都要去了解一下花的习性才能养好，唯独养孩子没有去琢磨、去学习。通常大部分家长是在遇到问题时才去想怎么应对，等有了应对办法时，孩子的问题又有了新的变化。

我曾经遇到一对留学德国归来的丁克夫妇，他们告诉我，他们选择了做丁克不是因为不想要孩子，而是要养育一个孩子需要学习太多太多，学得越多，越觉得没有胆量去养育孩子。他们觉得中国父母太胆大了，啥都没准备就有了孩子。他们在德国教堂举行婚礼之日起，就学了很多有关做父亲、做母亲的教育学、心理学、营养学、护理学、婚姻家庭学、哲学等一系列功课。

孩子每天都在给我们出考题，要答好这份试卷，是需要精心研究的，而大部分家长大多数时候是凭本能、凭父母辈教育我们的经验来应对孩子的，几乎很少静下心来研究教育孩子的学问。因此，我们简单的教育方式大多时候让孩子感受到的不是爱，这也许正是小作者心中觉得虎爸爸一下子变了个人的原因。

第三篇 人格培养

第五章

维护孩子的自尊心,是对孩子最温暖的爱

❈

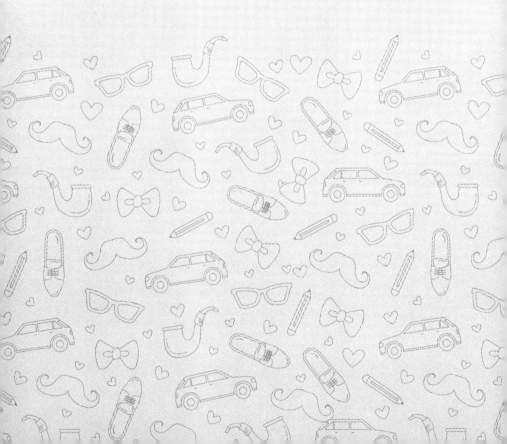

豆腐乳风波

今天可真是个温馨的日子！虎爸爸早早地做完早饭，所有的东西都摆放得整整齐齐，看着真让人舒心。

"老婆大人，丁丁，快过来吃早饭！"看到虎爸爸做的早饭后，我心想：快吃吧！难得尝尝虎爸爸的手艺呢。虎爸爸对我和兔妈妈可真好！

气氛暖暖的，真像一个温馨家庭。我正津津有味地吃着虎爸爸做的可口饭菜，丝毫没有觉察到狂风暴雨就要来了。看着小碟子中红色的豆腐乳，我把筷子伸了过去，可是好容易夹起来的豆腐乳却一不小心掉到了地上，豆腐乳在地上七零八落、面目全非。虎爸爸一看这场景，火气腾地一下就上来了，开始了他一以贯之地训斥。一开始我还有点伤心，因为毕竟是我做错了事情。可接下来虎爸爸的重磅炸弹一句句砸来，让我的心全部凉凉了："看什么看？快捡起来吃了！"吃下去？听到这个命令，我很倔强地把头一扭："吃下去，太异想天开了吧？"可此时的虎爸爸，真的就是一只暴怒的老虎，他气势汹汹地瞪着我，好像我是他的仇人一样。我哭了起来，虎爸爸继续吼着："快吃！"我想："我可不想吃，要吃你先吃。"虎爸爸见我不吃，差一点就要揍我了。我只好哭着把豆腐乳捡了起来。我分明听见那块豆腐乳在嘲笑我：没自尊的小丫头！我恨虎爸爸：你这不是侮辱人吗？你以为小孩就没有自尊心了吗？我气愤地想着这个虎爸爸是不是没有心。

你的辱骂可能会让孩子形成一种低自尊

本来气氛暖暖的一顿早餐,因为女儿不小心掉了一块豆腐乳,惹来虎爸爸的呵斥,甚至差一点挨揍,最后被迫吃下了弄脏的豆腐乳。女儿认为:这是虎爸爸在伤害自己的自尊。

你也许会问:让你吃块掉在地上的豆腐乳,怎么就伤自尊了?伤了自尊又有什么了不起?

我们来了解一下孩子自尊的建构。

心理学上表明:孩子的自尊心是基于孩子对自己身份的认同而建立起来的自我感觉,具体反映在他相信自己能在这个世界上取得什么样的成就。自尊分为高自尊和低自尊,通常自尊水平会影响到人们的性格、生活态度、人际关系以及自我认知。

比如,体现在人际交往中,高自尊的人容易去赞赏别人,认为自己会被别人接受,对自己的表现,会持有较高的评价,被忽视时可以表现得很好,不害怕别人的反应,愿意为持有高标准要求的人努力工作,与优秀的人相处,感觉舒服自在。低自尊的人，则容易去否定别人，对自己的表现会持有较负面的评价，当被注视时，会表现得不好，对其他人负面的反应很敏感，愿意为低标准、少批评的人努力工作，与优秀的人相处，会觉得有威胁感。

再比如，体现在生活态度方面：自尊水平较低的人，面对一点小挫折，就会否定自己，觉得自己一无是处；而自尊水平较高的人，则会接受自己的不完美，会完善自己，尽自己最大努力去接受挑战。

自尊水平的高低，主要形成于童年时的亲子关系及其交往经验。如果一个人在童年时期与父母建立了安全的依恋关系，父母对孩子无条件接受，给孩子充分的人际互动的安全感，孩子就会对他人形成一种相对稳定的信任态度，就会形成健康的高自尊。如果一个人在童年时期，父母因为自身性格或其他原因与孩子关系疏远、冷漠、严厉地责备孩子，孩子就会形成对他人的怀疑与恐惧，认为他人是不可信任的、不可合作的，是竞争对手，会威胁到自己，就会形成一种低自尊的人格特征。

文中类似豆腐乳掉地父母对这件事的处理态度，仅是孩子童年成长中微不足道的一件小事，但类似小事的累积，足以影响到孩子自尊心水平的高低。孩子会认为，你不是在教育他，而是在侮辱、强制他，导致将来长大后，有可能形成一种低自尊的人格，影响到他的性格、生活态度、人际关系以及自我认知。

有的家长认为，发现孩子的错误就要让孩子知道他哪里错了，只有他承认了才能改变，不承认就是没有认识到，更不会去改变。其实不然，大多数正常的孩子都是能分辨好坏的，有时候他们发现自己错了，但是碍于面子，只是嘴上不愿意承认而已。书中小作者最初表示的很难受，就是这样的心理。这时候家长死死地抓住不放，就很容易让孩子感觉自尊心受伤，最后两败俱伤，亲情减分。

记者采访比尔·盖茨的父亲——老盖茨时，老盖茨告诫人们，"永远不要贬低孩子。"这句名言，值得所有父母深思。只有当你意识到这句话的重要性时，你才能更好地与孩子相处。我想比尔·盖茨能取得这么大的成就，一定与他父母的教育方式有很大的关系。

因此，此文仅是豆腐乳掉地这么一件小事，却给予我们做家长的很多警醒：面对孩子的一些差错，不能简单动粗。当怒火即将发作时，最好按一下暂停键，想想除了说教、打骂，还有无其他更合适的方式？在付出真心教育孩子的过程中，让孩子感受到你的爱意，同时，还要让孩子对你的做法心服口服。

虎爸爸说我算个啥

话说这天,虎爸爸带着一身酒气回家了。兔妈妈最近钱包有些瘪,想添置几件美丽的衣服却不能。无奈之下,只能向掌握着家庭财政大权的爸爸要点钱花。看着虎爸爸喝得醉醺醺的样子,兔妈妈看起来有点打怵,只见兔妈妈故作温柔:"孩他爸,我们单位最近有个活动,我想买件衣服,你看看能不能给我点?"

听着兔妈妈可怜的要求,虎爸爸好像起了怜悯之心,但是我猜测可能是喝了酒意识模糊的原因。要不然,他不会有求必应慷慨大方的。只见虎爸爸摇摇晃晃,从裤子口袋里摸出锃亮的钱包,抽出了好几张大团结。我在一边看到钱,条件反射般冲了出去:"好爸爸,也给我点钱吧,我想去书店买几本自己喜欢的书。"本以为这个要求很微小,喝醉酒的虎爸爸肯定会大大方方地甩给我一张半张的钱。没想到,虎爸爸把钱扔给了兔妈妈,然后用迷蒙的醉眼看着我:"呵呵,你也想花钱?作业做得怎样了?想得挺美啊。你先说你算个啥?"我算个啥?我在心里一遍遍想着,还没等想出答案,只听虎爸爸发话了:"哈哈,你算个啥!你啥也不算!"虎爸爸轻蔑地说道,还伸过手来打我的屁股。

听到这样侮辱的话，我的心一下子凉了，刚才的兴奋突然之间不知跑到了哪里？"你当爸爸的怎么可以这样说我？我算个啥！你说我算个啥？说别人就是说自己，哼！"想到这里，我的心里好受了许多。

虽说这好像是一个玩笑，但是也伤害了我的自尊，真希望虎爸爸以后开玩笑时注意一定不能伤害别人的自尊啊！因为建立在别人痛苦之上的快乐不是真正的快乐！

"我的心声"随笔：

为孩子自我化解情绪的能力点赞

又是一篇饶有兴趣的短文,活灵活现地再现了虎爸爸说我算个啥的场景,读来忍俊不禁,末尾的提问更是发人深省。

女儿本来心情很好,也大胆地想跟兔妈妈一样跟虎爸爸开一次玩笑,结果招来酒后虎爸爸的回应:你算个啥?这让女儿热脸贴了冷屁股,很不是滋味,也再次伤了女儿的自尊。

前面提过孩子自尊心建构的问题,就是从这一点一滴小事、他人对自己一言一行中建构起来的。虽是开玩笑,但也要以尊重为前提,千万别贬低、贬损孩子。想想自己小时候的经历,有没有被老师贬损过?有没有被家人贬损过?你什么感受?以自己的感受想象孩子的感受,就能体会到自尊被伤害的滋味,甚至可能一句话造成的伤害,会影响到终生。

好在小作者有思想,自己进行了一番反驳:"你当爸爸的怎么可以这样说我?我算个啥!你说我算个啥?说别人就是说自己,哼!"这种能自我进行推理化解心结的能力,让孩子心情好转。这种能力也是每个人都需要具备的,这点值得我们向小作者学习!毕竟生活中不可能事事都如意,都能碰上一位民主型的家长,万一我们遭遇一位"屡教不改"的虎爸爸,也得学会自己去化解。

家长教育感悟:

虎爸爸叫我臭臭

　　臭臭，是人们都嫌弃的，臭臭没人爱，没人夸，没人喜欢，甚至唯恐避之不及。但是，虎爸爸却偏说我是没有脑子的臭臭！

　　这件事的缘由是虎爸爸让我在一天之中做完他布置的作业，并且整理我的房间。我心想："讨厌，我的自由我做主，为什么又是你来计划我的时间？今天明明可以玩一天，又被你逼迫学习！什么时候才能逃出你的魔爪？等到那时候，可是猴子当大王。"不过我真是异想天开了。

　　我开始行动做家务，三头六臂收拾床。在整理床上一大摞书时，我看到了一本自己喜欢的书。本想打开后随便翻翻，可是书里的故事情节比收拾房间有趣多了，我忘掉了周围的一切事情，全身心地沉浸在书里。一个小时过去了，两个小时过去了，这书写得可真是太好了，等看完后一抬头看表，"妈呀！这时间也太快了吧！四个小时一下子就过去了。"即便我再加几个三头六臂，这房间也是收拾不完了。就在这时，虎爸爸回家了，看见我正拿着拖把在费力地拖地，脸上仿佛露出了一点难得的笑容，可再仔细看时，他的脸马上变天了。脸上的笑容好像一下子被风吹走了，换上了一副紧锁眉头让人望而生畏的恐怖表情。我的心跟着紧张了起来，我仿佛听到了自己的心跳——"咚咚咚"。

我低着头，用眼角的余光瞅着虎爸爸，只见他张开了他那张"可爱"的嘴巴，然后发出了一连串重量级炸弹："丁丁！四五个小时都不够你做家务和作业的？你就是成事不足、败事有余的臭臭！"说完后似乎还不解恨，拿着大手边吸鼻子边摆手扇风。听完这些话，我很不争气地哭了起来。心想："为什么这么骂我？我是臭臭，你是什么？臭臭的爸爸又是什么？屋子这么大，全让我一个人打扫，找个家政服务员也不可能收拾得这么快？责任又不是我一个人的。你又让我做题，又让我做家务，我急得像热锅上的蚂蚁——团团转。转过来又转过去，哪有时间做作业？"

心里的愤怒还没消除，我一遍遍地想不通："虎爸爸，你为什么要用这么难听的语言骂我呢？臭臭！谁愿意做臭臭？你骂人的时候，就没想到人家心里会有多难受吗？"我委屈地想了又想。

我讨厌伤我自尊的人！难道伤别人的自尊心有乐趣吗？

良好的家庭语言环境是孩子成长的底肥

看了此文,我想说的是美化你的家庭语言环境吧!它是孩子成长的精神底肥。

"丁丁!四五个小时都不够你做家务和作业的?你就是成事不足、败事有余的臭臭!"因为没完成虎爸爸安排的任务,换来这样的批评。包括前文的"你算个啥!"等等,诸如此类的话,家长脱口而出,甚至成为语言习惯,可是女儿心里却发出一连串反问:为什么骂人要用这么难听的语言?你没想到人家心里会多难受吗?

看到虎爸爸的言行,让我想起另一位爸爸。这位爸爸在女儿三岁的时候,正在写一部教育著作,每天他把自己写好的内容读给女儿听,在家里尽量避免谈一些东家长西家短的事情,而是跟女儿谈古今中外名人的一些故事。女儿在5岁时,就写出了境界高远的诗。女儿18岁时,游历欧美各国,出版了自己的著作,被无数读者称为思想的引领者。女儿说,她能走多远,与爸爸从小给她的语言灌溉有很大关系。所谓"家庭语言暖，框定人生远"。

一个平时在家里说话出口成脏、趾高气扬的父母，很难想象会让孩子在潜移默化中陶冶成为一个儒雅睿智、理性善良的孩子。道理很简单，汝若欲种瓜，何言得其豆？善良的语言，智慧的表达，带给孩子的不只是成长，还有丰富的精神给养。

蔡元培先生在其名作《中国人的修养》一书中曾说：决定孩子一生的不是学习成绩，而是健全的人格修养。这些健全的人格修养从何而来？家庭语言就是其中的一个成长源头，它影响着家风和家教的沿袭和传承。所谓言传身教，就是这个道理。

有个段子说得好：说话的音量，决定了你的高度；说话的内容，决定了你的思想；说话的语气，决定了你的修养。你每一天的谈吐举止、做人处事的方式等，这些都是影响孩子的家庭教科书。你希望写进这本教科书的是随随便便的污言秽语，还是高雅风趣幽默的文明语言？就像刷牙漱口一样，让我们净化自己的语言，注意自己的语气吧！它影响孩子的绝不仅仅是一时三刻，而是终生甚至好几代。

家长教育
感悟:

和虎爸爸一起奔跑

这个暑假，本想做个睡神，可虎爸爸不让，并且怕我宅在家中，制订了许多"每日计划"，其中就有我讨厌的跑步。

我知道虎爸爸是一个运动健将，热爱登山、骑行、跑步，最厉害的就是骑行西藏，虎爸爸说这是他一生的骄傲和勋章。可是他热爱运动，我不热爱呀？为什么非得逼迫我做不喜欢的事情。但是无可奈何，虎爸爸的权威谁也更改不了。不能睡懒觉不说，还要逼迫我和他一起晨跑。今天是第一天，极不情愿地踏进公园的大门，阳光照射在翠绿的草坪上，整个公园都充斥着奶白色的雾气。望望淡蓝的天空，波光粼粼的水面，心情应该是非常美好的，但因为不愿意跑步，面前的美景也没觉得有多么可爱。公园里三三两两的人很多，大家或跑或跳或健步走，看起来都生龙活虎。"一二一、一二一"，什么声音？回头望，跑步的大部队过来了，他们步伐整齐、口号洪亮、朝气蓬勃，早就听虎爸爸说了，公园里有这么一群自发跑步的跑友，每天早晨在公园跑步，几乎风雨无阻。嗯嗯，真有毅力，私下里想着，在一边的虎爸爸说："我俩跟着他们一起跑吧。"不由分说，就把我拉进了跑步大军当中。

脚步依次交替，呼吸声越来越浓重，两条腿软绵绵的，仿佛下一秒就会累倒。整个壮观的队伍中，我可能是最"异类"的那个吧？是不是像"白杨林里生出一棵歪脖子树，白花花的鸡蛋里滚出一个干巴土豆？"我边跑边想。看着我前面的虎爸爸，他看起来非常轻松。当然了，他可是一位运动达人，每天坚持到公园跑步，几乎雷打不动，这毅力也真是没谁了。但他愿意跑步，我可是被逼无奈啊！正在我被种种消极思想干扰时，想起了最近看的一本书《老人与海》里的一句话：人不是生来就被打败的。这句话仿佛激起了我继续奔跑下去的能量。虽然内心排斥跑步这项运动，但我想借这个机会磨砺一下妈妈经常说的意志力这个事。第一圈跑完了，第二圈跑完了，队伍中陆续有人撤了下来，我憋着一股劲，一直坚持，我要跑到最后，我要让一直瞧不起我的虎爸爸看看我能行！就这样一边激励，一边坚持，洪荒之力向我涌来，身体的一道道机关仿佛瞬间被打开、被激活，渐渐地，我步伐轻捷，越跑越有力。

四圈下来，我的自信心大增，原来我也可以这么有毅力，原来跑步也可以这么愉悦。此时的虎爸爸看起来慈祥了很多，也会冲着我笑了："小家伙，还不错嘛！有毅力。"我有点不好意思地冲他笑了笑。

此后的几个早晨，虎爸爸依旧拉我去公园跑步，一个暑假下来，我由被动变为了主动，也越来越体会到了跑步的乐趣。不仅如此，我感觉体力明显增加，学习时思路更加清晰，这应该归功于运动的功劳吧。初二年级，在学校组织的运动会上，我勇敢地报了1500米长跑，并且轻松地拿下了冠军的名次。

孩子，有时你需要被逼一把

　　虎爸爸通过日常的威严，甚至有些刻板，让孩子有无数次情绪不满，但最终虎爸爸通过自己一以贯之的坚持，赢得了胜利，赢得了女儿的理解，也赢得了女儿在体育场上的好成绩。一个能一以贯之坚持的人，看似威严，却比看似慈爱但总是三分钟热的人对孩子的影响更大。

　　虎爸爸带女儿跑步，首先虎爸爸如女儿所说是发自内心喜欢而一直坚持的，尽管女儿再不情愿跑步，看到美景都无心欣赏，最终还是在虎爸爸的带动下，由不情愿到被动接受，由被动接受到不服输，由不服输到最终战胜了自己的意志力，这个内心的煎熬过程只有小作者自己能体会。外在是一步一步向前跑，内在也跟着一浪一浪地波动，最终内外协调，体验到了坚持的魅力，感受到了运动对人意志力的磨炼。看似是虎爸爸对小作者的锤炼，实则是小作者对自己的一次锤炼。

　　通过本文，也让读者体验到，被锤炼有时其实是一种幸福。

很多时候，我们需要逼自己一把，虽然开始的时候排斥，甚至痛恨，但一旦经历过，坚持下来，内心会无比富足，会无比感恩那个曾经逼迫自己的人。

有一位好朋友，曾对她的妈妈抱怨说："我当时学钢琴没坚持下来，你当初为什么就不能逼我一把呢？现在好后悔，跟同学聚会，唱不会，跳不会，玩不会，开玩笑也不会。很尴尬！"

回忆起我过去上学的生活，最感谢的老师竟然是一位最冷酷的体育老师。

这位老师叫寒冰，他上课时的脸就跟名字一样冰冷。那时候要求我们练前后滚翻，练长跑，差一秒都不会给过关。对于我这个上初中时体育成绩差，老师一路给开绿灯的学生来说，遇到寒冰老师真是如履薄冰。于是体育课上，我不再苦恼于前后滚翻翻不过去被别人笑话，而是一遍一遍练习，直到练得让全班同学都佩服得五体投地。有这种精神，今后有什么事情干不成呢？

师范三年，我没有一天不晨跑，最终体育课800米测试，我获得第三名的好成绩，打破了有史以来体育不达标的记录，前后滚翻也一律优秀。攻克了自己的体育课，其实是战胜了自己的心理关卡，那种幸福感和成就感就别提了！

所以，至今回味起所有的课，印象最深的不是我成绩优异的语文、英语、数学课，而是屡败屡战的体育课。如果当初没有这位冷冰冰的老师逼自己一把，也许至今，我都不会有战胜弱点的喜悦和幸福。

回到孩子身上,在有的事情上,我们做家长的还是要像虎爸爸一样,严格到底,雷打不动。

说到此,觉得虎爸爸是不是不应该成为被批判的对象,反而要为他竖大拇指呢?

第六章

用放大镜看孩子的优点

我是瑕疵，你是翡翠

翡翠是宝贝，价格不菲，大家都喜欢。可如果翡翠上有块瑕疵，那它的身价就会大大降低。人们都喜欢翡翠，不喜欢瑕疵。在我们家中，我活生生地被虎爸爸变成了他身上的超大号瑕疵。

无论在哪里，在什么时候，只要我走慢了，脑子转慢了，虎爸爸总是会批评我。无论我做得再好，再认真，再努力，都是徒劳。因为虎爸爸总是有这样一个观点：我身上没有优点，全部都是缺点。在他看来，他就是一块完美翡翠，不存在一点瑕疵。而我呢，则全身都是瑕疵，没有半点优点。

有一次，我们去奶奶家吃中饭，进门的时候，由于螺丝松动了，刚一开门，门把手"哐当"一声掉在了地上。虎爸爸立刻河东狮吼："怎么我开门时就不掉下来呢？你就是个笨孩子，不会用巧劲！"训斥远远没有结束，虎爸爸又把以前我做过的粗心事一点点扯了出来："你就是不认真！干什么都粗心大意！我都怀疑你是不是我的孩子，一点没有遗传我的认真基因。""我像你这么大的时候，比你强多了。"

他越说，我的心里越气："我怎么了？每个人都不是十全十美的。为什么你老是针对我?我招你还是惹你了?真是的!门缝里看人——把人看扁了!我是瑕疵,你是什么?翡翠?我又不是你身上的瑕疵,我也是一块翡翠好不好!"

瑕疵,你是我的美好;翡翠,你是我的真身。

心理学上有一个心理能量球的想象力疗法，说的是，通过想象的方法，在孩子幼小的心灵里植入一个信念，产生一种心理的流动，凝聚成一个能量球。在人们遭受挫折和困难的时候，极容易触碰到这个能量球。在触碰的瞬间，所有外在的感觉跟内在的图像会做一个对接，激发内在的图像体验。如果内在的图像体验指给我们的是一个正面的能量球，我们就会感受到温暖和力量，进而这种温暖和力量会形成条件反射，自然而然地从心底涌动出来，激励人用积极的状态去应对一切外在的触碰。但如果触碰的一刹那，产生的图像体验是一个负面的能量球，则会让孩子更加沮丧和绝望，会没有信心面对自己眼前的困境。

长期生活在批评和指责环境中的孩子，当他遇到这种情况时，往往触碰到的会是负向能量球，导致这个孩子本来有能力、有足够条件去应对一切，却因能量不足，不够自信，低估自己，而最终落入低谷。

因此，批评孩子真正的危害还不在当下，而是在孩子更远的将来。不是在孩子眼下的一点点受伤，而是内在负能量的累积和自我评价的低估对孩子整个人生的影响。

到底该如何批评孩子呢？一要讲究时机，比如明代文学家、书画家陈继儒认为有七种情形不宜批评孩子：

（1）"对众不责"，在众人面前责备孩子；

（2）"愧悔不责"，孩子惭愧后悔时不责备；

(3)"暮夜不责",夜晚不责备孩子;

(4)"正饮食不责",吃饭时不责备孩子;

(5)"正欢庆不责",正在欢庆时不责备孩子;

(6)"正悲忧不责",孩子正在忧伤时不责备他;

(7)"疾病不责",孩子正在患病时不责备他。

二要正向暗示和强化。超级演说家、习惯研究专家周士渊老师曾给我讲过一个有关正向激励的故事。他家养的一只宠物狗,只要一有外人来,总会扑喊着冲陌生人汪汪大叫。为了调教这只小狗,每当有客人来时,周老师总会夸赞小狗,宝贝真有礼貌,知道迎接我们的客人了,他们听见了,我们不用叫太大声!在周老师耐心的重复中,小狗变得性情温和起来,不再那么凶猛地扑叫了。

周老师说这就是正向的力量,盯着孩子的一个优点放大、不断强化,真的会朝你希望的方向发展。心理学中的暗示效应说的也正是如此吧,就是用含蓄的、间接的方式对别人的心理和行为施加影响,从而使被暗示者不自觉地按照暗示者的意愿行动。一只小狗尚能改造,何况我们人呢?

虎爸爸变身男人婆

这样寒风刺骨的冬天,太阳高挂,天气也算风和日丽,但是,可怜的我又遭遇了一次严重的打击。

话说这天,我计算着兔妈妈出差该回来了。放学后,便一路哼着小曲跑步回家。上五楼,打开门,映入眼帘的是虎爸爸那张严肃的脸庞。"兔妈妈难道没回来?真是个不守信用的家伙!"我嘟囔着,连叫了几声,都无人应答。突然,虎爸爸的声音炸雷般在耳边响起:"叫什么叫?就你的声音最好听?"对于虎爸爸,我一向是敢怒不敢言,便做贼似的溜进了卫生间。正在我为逃脱虎爸爸的炸雷而幸运的时候,他竟然也跟着进来了:"洗手用香皂,你知道不知道?"看着怒气冲冲的虎爸爸,我慢吞吞地洗完了手,心里不由自主地想:"真是没事找事,限制我的人身自由。要是兔妈妈在就好了,可以保护我。"

手是洗完了,不过虎爸爸的唠叨远没有结束。紧接着,他又使唤我干这干那。虽然我不想听从命令,但恐惧于他的威风,还是心不甘情不愿地帮虎爸爸完成了他的任务。此时的虎爸爸仿佛变身男人婆,唠叨个没完:"给我把遥控器递过来!""帮我把频道调换到

CCTV5""洗碗去,睡觉去!"……虎爸爸的一声声命令就像无数只蚊子塞满了我的耳朵,只听到嗡嗡嗡一片轰鸣,内心的厌恶让我不知该如何是好。不愿意干也得干,干得不好还得挨批。遥控器必须得恭恭敬敬地递到他手里,换频道要快要神速,只要有一点点缺点都逃不出虎爸爸那双炯炯有神的千里眼。我叹息到:"把我当成使唤的仆人了啊?把自己当成神仙啊?自己不干让别人干,别人干不好还说别人。"虎爸爸的唠叨可真让人烦啊!好不容易熬到了写作业的时间,我终于逃脱了虎爸爸的控制。是啊,写作业即便累点,也总比耳朵累强啊!

但愿虎爸爸的男人婆身份能改掉,不要让我耳朵再长茧子啦。

唠叨是家长在传递负能量

虎爸爸的唠叨"就像无数只蚊子塞满了我的耳朵,只听到嗡嗡嗡一片轰鸣,内心的厌恶让我不知该如何是好。"

多么形象的比喻!这恐怕是对父母唠叨最生动的描述了!突然在此有点感谢虎爸爸,正是你的唠叨让女儿写出了如此饶有生气的文章。正如俄国著名的犹太作家肖洛姆·阿莱汉姆,因记录继母的打骂而写出绝妙好书一样。

阿莱汉姆13岁时就失去了母亲,他的继母为人很凶,经常打骂他。阿莱汉姆习以为常以后,慢慢觉得他的继母骂人的话尖酸刻薄,很有特点。于是,就偷偷地把后妈咒骂他的话记录下,汇编成一部小词典,命名为"后妈的词汇",并有意识地把这些词汇用到作品中去,使他笔下人物的语言千姿百态、妙趣横生。他后来出版的书信体小说《美纳汉·曼德尔》,被高尔基称赞为"一本绝妙的好书"。

女儿的篇篇佳作,记录了虎爸爸骂过的话,也是写得活灵活现、妙趣横生。不过，即使虎爸爸的唠叨能丰富孩子的写作语言，我们还是不赞成这种唠叨式的教育。

在孩子婴儿阶段的教育过程中，由于孩子记忆力还未完全开发，大脑高速发展，大量信息的涌入，使许多信息被遗忘。多对孩子进行重复和做一些"婆婆妈妈"的事情是有价值的。但当孩子进入幼儿后期、小学、中学以后，尤其是进入青春期，自我意识逐渐增强，再这么唠叨重复，孩子就会出现选择性"失聪"，即使重复了100遍，对他也不起作用。而且，唠叨无形中会给孩子传递很多负能量。

首先，唠叨会让孩子感觉被控制，内心里就会产生反抗情绪。就像虎爸爸唠叨孩子洗手一样，孩子感觉被限制了人身自由，心想：连洗手这样的小事都要被管！体现在行动上就会慢慢腾腾不情愿去洗，或者三下五除二草草了事。

其次，唠叨容易让孩子丧失责任感，没有独立意识。孩子明明自己可以做得很好，可以把手洗得很干净，可以主动地去刷锅，可以按时去睡觉，被虎爸爸这么一唠叨，次数多了，孩子会认为：反正有人会提醒，便不会用心做事。调查发现，长期被唠叨的孩子，缺少责任感和独立意识，变得懒惰、散漫，通常会唯父母是瞻，难以获得个性自由和全面发展。

第三，唠叨很容易变成单向指责，使孩子自尊心受挫。虎爸爸就是典型的例子，他不但把自己的坏情绪传递给了孩子，还用一些难听的语言让孩子自尊心受到挫伤。

　　既然唠叨不管用，且有这么多负面危害，为什么还有那么多人选择用它教育孩子呢？我认为，如果有更有效的方式，家长是不会这样自讨没趣的。正是因为家长不知道如何去和孩子沟通，才会本能地拿起自己的经验，一遍又一遍提醒孩子。这样看来，唠叨体现了父母的一种落后和无奈，是家长无能的表现，是消极的思维方式在作怪。如果父母能够认识到这一点，积极转变态度，寻找更积极有效的沟通和教育方式，孩子也终将产生巨大的转化。

虎爸爸叫我滚蛋

虎爸爸在家里简直就是个霸王!

这不,为了提高我的成绩,虎爸爸又逼迫我做题:"丁丁!再不学习你的成绩可就滑下去了,你不着急,我都替你着急!"听到这话,我心里怒火朝天:"我的成绩用得着你管吗?你就只看到我身上的缺点,从来都看不到我的优点。你的眼睛是缺点放大镜啊!"

心里骂着,手里还得写着。两个半小时过去了,虎爸爸来检查我的学习状态,我立刻装模作样地认真思考起来。一会儿,看着虎爸爸离开,我的心又平稳下来。

又过了一个小时,虎爸爸说:"时间到了!交卷!"完蛋了,卷子还没做完呢,一会儿绝对是男子乒乓球单打了。想到这儿,我的心里做好了最坏的打算。

虎爸爸飞速地翻看着,我都怀疑他认真看了没有。忽然,他变了脸,怒声吼道:"你什么时候能主动学习?我每天供你吃供你穿,你怎么就不知道好好学习,我真是白养你了!学不好就滚蛋吧!"

滚蛋?这么难听的话你也能说得出来?我的难过、伤心到了极点:"我不喜欢做的你非得逼迫我做,我喜欢的只要你不喜欢,就会制止我。这到底是谁的世界？谁的自由？还说让我滚出去，出去就出去，只要你不后悔就行！"

虎爸爸把习题本飞速地扔过来，一下扔到我的头上，我立马倒地。"给我起来，继续做题，不做题就滚出去吧！"我含泪抱着习题本跑回了房间。我没有心思干别的，只是在"回味"着虎爸爸的那几个字。虽然知道他只是一时气话，但这个字眼让我的心好疼。坐在窗边，呆呆地望着外面，**真的想离家出走，离开这片并不宁静的空间**，只是，如果真是那样，虎爸爸会不会为他刚才的话后悔？

唉！虎爸爸到底是不是我的亲爸爸？他为什么让我滚出去？成年人真是不可理喻啊！我惊魂未定地想着刚才那一幕。讨厌看重成绩而忽略亲情的虎爸爸。

孩子的状态比成绩更重要

原因依然是一样的,逼孩子做题,结果限定3小时,孩子才做了2道题。为什么效率会如此低?小作者明确指出:被逼做不喜欢做的事。

虎爸爸包括大部分家长在内,一定会认为:做题,你不喜欢也得做,由不得你,不学习怎么能考高分?怎么能考大学?在孩子心中却会这样认为:为什么非要做题?非要逼我干不喜欢的事?孩子不会将做题和拿高分、考大学扯上关系。

一是逼,二是做题,都是让小作者厌烦抗拒的事。难道小作者就是不喜欢学习吗?就是贪玩吗?非也!她抗拒的不是学习本身,而是这种被迫的方式,以及这种被迫做的内容。前面的章节中提到过,对数学、英语,小作者并非不喜欢,只是不喜欢虎爸爸这种强加的方式,于是"恨屋"也就"及乌"了!

从前面的章节中可以看出,小作者这种厌恶做题的心理已经被虎爸爸逼成了恶性循环,只要一提到做题,不管这题有没有乐趣，小作者都一律表现得很抗拒。由此可见，虎爸爸应该把重点放在如何激发女儿的内驱力，培养学习的自觉性上，而非关注做几套题。就跟一个发动机一样，里面没有油，光凭你从外面推，能推多远呢？

当这样的恶性循环多了，小作者的抗拒心理达到顶峰状态时，虎爸爸的咒骂也升到了最高级，直接骂女儿滚蛋！这让本是学习的事升级到了对女儿"爱"的人格的损害，让女儿觉得老爸只是看重分数，她在家里存在的意义也只有分数，丝毫感受不到家人的爱与温暖。尽管只是一句气话，可就是这一句脱口而出宣泄情绪的气话，在生活中曾造成多少悲剧？

关注孩子成长的状态，关注孩子内在的隐性变化，培养孩子健全的人格，比外在的显性成绩更重要。当孩子已经产生抗拒时，一定是我们的方式出问题了，这时候我们应该刹车，换个方式，而不是继续一以贯之简单粗暴的方式。

第七章

父母是孩子的根

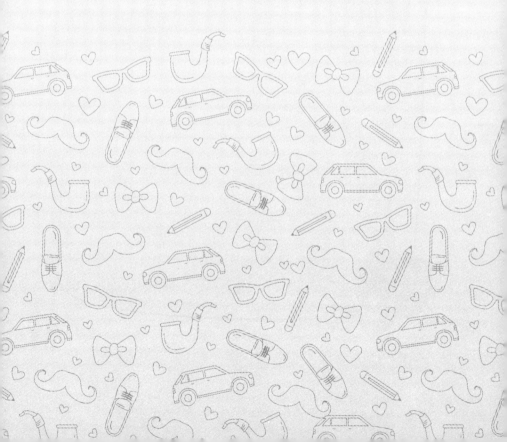

献血勇士

打开抽屉，一本本鲜艳的献血证书躺在我的眼前，这些都是虎爸爸几年来的光辉荣誉。看着它们，我才察觉到，其实，他虽然有那么多缺点，但优点也是存在的。譬如说勇敢献血，就足足当了一回我的好榜样。

虎爸爸献血，是从我记事时就已经开始了。当时我只记得他每次献血归来，都会带给我一件件可爱的玩具。后来兔妈妈告诉我，这些玩具都是虎爸爸献血后的荣誉奖励。

有一天是周末，我在舞蹈学校练习拉丁舞，放学后，虎爸爸没有带着我直接回家，而是来到我们所在城市的一处流动献血点。和虎爸爸上了采血车后，我看到一排排的座位上，坐了好多献血勇士。轮到虎爸爸了，只见他撸起了衣服袖子，白大褂医生一针扎进了虎爸爸的血管中。汩汩的鲜血流进了采血袋中，我看着有些害怕，可是虎爸爸却面带微笑，谈笑风生，一点没有害怕的样子。

不一会儿，虎爸爸献血完毕，白大褂抽出针管，虎爸爸用棉棒稍微按压了扎针处，若无其事地走下了采血车。这一次，虎爸爸献了400毫升鲜血。我好奇地问虎爸爸："为什么要献血啊？"虎爸爸告诉我："无偿献血是一件很光荣的事，你长大了也要这样做。因为,这些鲜血会挽救很多条生命。"

这次献血后,采血点照例给了虎爸爸一件小礼物,一只可爱的熊猫玩具。虎爸爸转身递给了我,我接过来,爱不释手。因为和往常的那些玩具相比,这个玩具更有意义、更有价值,这里面有虎爸爸的爱心。献血后,虎爸爸也没怎么休息,骑上自行车,载着我往家赶。我坐在自行车后座上,看着虎爸爸在寒风中骑行的身影,这一瞬间,觉得他特别令我骄傲,特别高大。我明白了:父爱并不是没有,而是美得无影无踪,只有细细体会才能感觉出来。同时,虎爸爸也用他的行动告诉我,我们应该怎样去爱,怎样去奉献爱。从这点来说,虎爸爸还是蛮不错的!

父母应该多向孩子展示优秀的一面

穿着白大褂在医院里治病救人，不辞劳苦地帮助一个个发出求助的人，无偿地去鲜血，一个医务工作者的治病救人、爱心满满的光辉形象一下子展现在我们眼前。而这样的镜头在虎爸爸每一天的生活中都会呈现的，可惜这样的片段大部分发生在单位或其他场合，而这些生活的面孩子是没法参与到的。孩子更多的是在家庭中与父母相处，在家庭里领教更多的是虎爸爸的暴力。

一次偶然的放学路上献血，让女儿看到了虎爸爸的另一面，并且为之感到骄傲。其实这样的镜头在虎爸爸身上发生很多，只是没有被女儿看到而已。所以，有时带孩子去父母的工作单位体验一下，或者带孩子一起做一些有意义的事情，是很好的教育机会。因为良好的教育一定是做出来的，不是说出来的，所谓身教胜于言教。

虎爸爸也要在家庭里适当地展现自己光辉的一面，不要认为家就是一个放松的地方，就可以为所欲为，展现自己最本质的一面，暴露自己最不想压抑的一面。家是一个放松的地方，家也是一个最易受到伤害的地方，千万不要把坏情绪带回家，也不要在家里制造坏情绪。能把对外帮助朋友时的态度，在家里展现出来，怎么还会充满暴风雨呢？孩子怎么还会胆战心惊地受到伤害呢？

勇敢的虎王

虎爸爸无愧于虎王的称谓，他很勇敢。

记得有一次三个家庭集体去青岛爬崂山。崂山的风景很美，其中有一道景观为觅天洞，觅天洞是一个天然奇洞，洞内盘旋曲折、奇特古怪、惊险迷离，可谓集奇、幽、险、趣等于一身。洞外有一个特别提示，进入山洞后，只能进不能退，由此可见山洞之险。胆小的兔妈妈表示害怕要退出，但在大家的鼓励下同意和大部队集体冒一次险。

我们依次进山洞，只见里面一片黑暗，没有一点光亮，只能靠手机的微弱亮光艰难前行。说是前行，其实基本上是手脚并用，因为山洞特别低矮，根本直不起腰来。爬行了几十米之后，还没找到可以出去的洞口，兔妈妈害怕了，说她喘不过气要退出。说实话，当时我也有点害怕，但看看其他人，特别是走在最前面的虎爸爸，我没敢把害怕说出来，怕虎爸爸笑话，更怕大家伙说我胆小。

亦步亦趋中，我们度过了最险的一段山洞，终于见到了阳光，我的心里也长吁了一口气。山洞虽然险，但一旦决定冒险，就不能害怕，就要战胜自我，勇敢地走下去。这次虎爸爸给我做了一个勇敢坚定的榜样，让我从内心里觉得虎爸爸高大，让我可以信赖并依靠。

　　虎爸爸的勇敢是出了名的。除了崂山觅天洞探险之外，兔妈妈告诉了我三岁时去海边玩的经历。兔妈妈说，那次是一家三口去海边玩，虎爸爸带着我走进大海里玩。眼看着习惯探险和刺激的虎爸爸带着我，一步步试探着往深一点的海里走，兔妈妈在岸边一声接一声地惊叫，可虎爸爸恶作剧般地就是不理。兔妈妈说我当时还小，但胆子挺大，玩得不亦乐乎。

　　虎爸爸的勇敢表现在很多方面，我喜欢勇敢的虎爸爸，他勇敢的样子让我觉得，他真的是一只很勇猛的老虎呢！

给孩子展示正能量的一面

上文展现的是爱心，本文展示的是勇敢，这两件事都不是发生在家里。这给我们一个启示：是不是多带孩子出去参加一些户外活动，能够融洽亲子关系呢？而且还能够展现虎爸爸不为人所知的一面，比如勇敢、有情趣、爱探险等，无形中对孩子产生一种潜移默化的影响，一改以往坏形象。

家长可以适当地把孩子带到自己工作的场所，尤其是虎爸爸，作为一名医务工作者，是非常受人尊敬的，治病救人是让无数人感激又敬畏的事。孩子如果能看到虎爸爸在工作中那种忘我、无私奉献、不辞辛苦、对病人亲切关怀的镜头，那将是莫大的骄傲和幸福，也就会一改对父亲形象的看法。让孩子看到的将不再是在家里单一的一味发火、动怒、骂人等，本文就是很好的例子。

爸爸妈妈们不妨可以试试，适当地把孩子带到自己的工作场所或者其他家庭以外的充满正能量的场所中，让他们看到自己优秀的另一面,那样有助于孩子更好地理解家长,理解家长的职业,进而为他们树立榜样。

我的"名牌"鞋

随着科学技术的发展,我们所穿的衣服、鞋子、袜子等生活用品都有了专属的品牌。我一直认为品牌没用。直到那一天,我看见身边有的同学穿起了名牌鞋,并且炫耀得很。渐渐地,班上大多数的人都身穿名牌,嘴边挂着名牌,处处张扬着。我的心里慌了起来:"怎么办?大家都穿名牌,等到最后,不就是我被大家抛弃了吗?不行,我要回家说服我那老土的父母,给我买名牌穿,否则我的脸面往哪里搁?"

回到家中,我向虎爸爸诉苦:"班上同学都穿名牌,我也要穿!"没想到,我提出的要求如一枚炸弹,立即引起了不同反应。虎爸爸说:"你的思想怎么不端正?小小的孩子就爱上了虚荣。穿名牌,穿了你会怎样?不穿你又会怎么样?学生的本分是学习,你们现在比的是头脑,不是穿着打扮。'朴素做人,不穿名牌'是我们的家风。"听虎爸爸说完后,我垂头丧气了,心里却很不平:"这不明摆着丢我的脸吗?让同学们身穿名牌在我面前大摇大摆,我怎么能不难堪呢?"想到这里,我想到了救星——兔妈妈。兔妈妈慈眉善目,菩萨心肠般宠爱我,一准能答应我这个小小的要求。可一向支持我的兔妈妈听了我的诉说后,语重心长地说:"好孩子,你要分出什么是你该干的？什么是不该干的？什么是应该学的？什么又是不应该学的？如果你现在好好学习，头脑非常聪明，你以后也会发明出名牌衣、名牌鞋。到那个时候，你才会知道：你买名牌出不了名，但是你做名牌成了一个人物，多少人会记住你。雁过留声，人过留名，一味随波逐流分不清好坏，就不会有所成就。"可是，我丝毫听不进去，大哭大闹地扔东西，想用这个方式赢得虎爸爸的同情，达到自己的目的。可是，虎爸爸看到我这个行为后，一言不发地走开了，只留下怔怔的我。我这下子冷静了下来，仔细地琢磨着刚才的话。是啊，不穿名牌，不爱慕虚荣，这是我们家的家风，我作为家庭的一分子，理应践行一贯传下来的家风，怎么能在我这里破坏呢？

心通了，一切就都通了。每次上学，我总是很骄傲地穿着我的老土鞋子，穿梭在很多穿名牌的同学中间。可是，我不仅没感到惭愧，却觉得很是自豪。毕竟，我和他们比的不是虚荣，而是实实在在的东西。不仅如此，在学校最近开展的运动会上，我穿着我的老土鞋参赛，结果跑出了第二名的好成绩。这时我才明白虎爸爸兔妈妈的用意：没有完全的自己，只有全新的自己。只有脚踏实地，朴素做人，不爱慕虚荣，才是真正的自己。

我爱我脚下看似土没有名的老土鞋，因为它让我明白我的家风，更让我懂得，人生的路途上，不要看别人怎么样，要看自己怎么做。老土鞋，我把它比喻为我的"名牌鞋"。你是不是也想要一双这样的"名牌鞋"呢？

心通了，一切都会通

本文可以说是一篇非常完美的命题作文，透过穿名牌鞋，写出了自己家的家风，写出了虎爸爸兔妈妈两人截然不同的教育方式，更重要的是写出了教育的一个至关重要的境界："心通了，一切就都通了！"如果从一篇作文的角度去看本文，简直是一鞋三得：家风、家教、做人，让我们感悟到了小作者家"朴素做人、脚踏实地、不爱慕虚荣"的良好家风。

优良的家风是一个家庭生生不息的原动力，也是一个人健康成长的精神沃土。读到本文也让我们窥探出，为什么小作者生在虎爸爸的魔爪之下，却依然能积极、乐观、幽默地面对，也许正是与这个家庭良好的家风有关吧！它是整个家族几代人积淀下来的根基，润物细无声地让每个家庭成员浸泡其中。试想，如果一个家庭家风不好，家教方式又不对，这个孩子该是多么遭殃。

文中我们也看出，真正让女儿心通的原因，不是来自虎爸爸严厉的训斥，而是来自兔妈妈语重心长的交流。跟孩子从穿名牌、做名牌探讨起，让女儿思考：靠穿名牌来出名，和靠做名牌来出名，哪个更有意义？这一番交流让女儿真正明白了名牌的意义。

小作者的一句总结"心通了，一切就都通了！"可以说是经典绝妙之极。这一言既是对自己心路的总结，也给我们教育者一个重要启示：要让孩子去痛痛快快接受一个观念、做一件事，必须得把孩子的内在心灵打通，否则一切将是事倍功半、无济于事。说到此，虎爸爸很多费心费力却遭女儿反抗的事，也许都是建立在女儿的心没有被打通的基础之上吧。

那么如何让孩子的心灵彻底打通呢？家长自身首先得对一件事有明确的认识，有正确且高远的价值观、人生观和世界观，如此才可以引领孩子的心走得更远。否则只是短浅地停留在现阶段，只是功利性地随波逐流，引领孩子也只会短视，不会有远见。

一个家长也许无能力带领孩子走遍世界，但却可以给孩子指明一条通往无限远大的世界之路。一个家长也许无精力陪孩子做很多事情，但只要能打开孩子的心路，那条路便可以延伸到很远，其原动力、内驱力便可以源源不断地输送出更多能量。

家长教育感悟：

第四篇
家庭矛盾

第八章

把选择的权利交给孩子

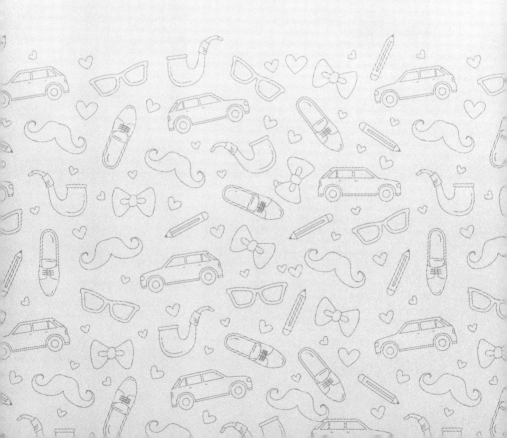

换书风波

"书籍是人类进步的阶梯。"我是一个热爱书籍的小学生,做完作业后,看书是我最大的爱好。这不,最近我就迷上了《意林·小小姐》。

每次放学回家,我都要急着把作业写完,然后拿出杂志,津津有味地看里面的故事。杂志中一个个精彩的故事吸引着我,让我乐而无忧,让我流连忘返。不仅如此,为了逃避虎爸爸的火眼金睛,每到晚上我都悄悄趴在被窝里一边如饥似渴地读书,一边侧耳倾听虎爸爸的脚步声。生怕一有动静,我看书的权利就被剥夺了。

最近几天,我还非常勤快地帮兔妈妈做家务活:洗袜子、刷碗、扫地等。因为兔妈妈和我之间有个约定:只要做好她交代的内容,可以有物质的奖赏。因为我表现不错,兔妈妈奖励了我五元钱,让我自由支配。我攥着辛辛苦苦赚的钱,像风一样飞奔下楼,骑上自行车,以百米冲刺的速度跑到书店,买回了新的一期《意林·小小姐》杂志。

晚上,正当我兴致勃勃地沉浸在故事中时,虎爸爸突然推门而入,把正在聚精会神看书的我吓了一大跳。"丁丁,在看什么书?"虎爸爸把书从我手中抽了过去,用他一贯的轻蔑眼神看了一眼:"又在看闲书？这些书不要看，看了对你没有好处。我给你换几本经典书吧？"我低声回应："我喜欢看这样的书，爸爸，能不能不给我换？""不行，必须换，这样的书不能看！"虎爸爸的话总是那么斩钉截铁又毫不犹豫。完了，我一下子耷拉下了脑袋。"唉！可怜的小书！你这几天先跟着虎爸爸吧！"我心中悲伤地想来想去。

谁知道，虎爸爸走出了家门，大约几十分钟的工夫，又回来了，手里拿着几本他所认为的好书。看着他给我换回来的新书，我心中的怒火燃烧起来："凭什么你要管住我的思想？你的那些杂志早就落伍了！你不会换位思考吗？"我的想法被虎爸爸一票否决，心中的怒火继续疯狂地燃烧着、升腾着，"为什么你的事我管不着，我的事情你却非要管呢？你喜欢看的书我就一定喜欢看吗？我不喜欢看的就一定让我喜欢吗？为什么不能给我自由选择的权利？为什么？谁能给我一个标准的答案？"

望着虎爸爸认为的好书，我正眼都没瞧一眼，哼，让你所谓的好书统统见鬼去吧。我把它们放在了我所有书的最下面，狠狠地压住它们。虎爸爸，你等着瞧，不要小瞧我这个真理复仇者。

用什么样的方式给孩子?

本来是个如饥似渴爱看书的小书迷,却把虎爸爸拿来的书狠狠地压到了最下面,用对抗的方式不去看。是虎爸爸给的书不好吗?自己真的不喜欢吗?不一定!是虎爸爸给的方式——强加强给,让女儿无法接受。

本文给我们家长的一个启发就是:把选择的权利还给孩子,家长给孩子一些东西时,要巧给不要强给,话说强扭的瓜不甜,强给的瓜也尝不出甜。

给孩子一些东西时,首先要尊重孩子的喜好和选择。《意林·小小姐》杂志是女儿最爱的杂志,而且该杂志也的确有意义,并不是虎爸爸理解中的不好的读物。即便女儿读的是不好的读物,虎爸爸也得注意方式,不能生硬地拿走,那样做的效果是孩子认为你不是在夺走一本书,而是在夺取她的爱和自由,所以会产生反感情绪。即便你推荐的书再好,她也会拒绝接受。

小到一本书,大到面临一些人生重大选择,择志愿、择业、择偶等,事有大小之分,但道理一样。首先我们要尊重孩子的选择，再给予合理的建议。

生活中有不少活生生的事例。如父母不同意孩子交的异性朋友，不同意孩子的婚事，并声称如果跟某某结婚，就与其断绝父子关系等等，结果导致孩子私奔的，导致自己把自己嫁出门的，而最终的结果怎样呢？不被父母祝福的婚姻最终没有好的结果，最终换来的是自己婚姻的不幸。我们在叹息孩子不听父母劝的同时，有没有想过父母自己的责任？孩子为什么不听劝？是不是父母曾经太多地"强给"孩子，让孩子无条件接受，而丧失了孩子的选择权，丧失了孩子的判断能力？让孩子一次次在压抑中产生了叛逆心理？

积小溪而成江河，很多能力都是从类似选书这样一件件小事中培养的。交给孩子选择的权利，我们要相信孩子的判断，相信孩子的审美。即便孩子选择的是不健康的读物，也要听听孩子选择的理由，再做引导。对孩子来说，一次选择的机会，和一本好书同样重要。

其次，父母给孩子好的建议和东西时，要巧给不能强给。中国科技大学的一位教授曾讲过，他当初想让儿子报考中国科技大学，但他并没有直接把这个想法对儿子说，而是只要有儿子在的场合，他便借机给在场的人讲有关中国科技大学学生的故事，看似说给别人听，实则是说给自己儿子听。他拿回有关中国科技大学的资料，也不会直接给孩子，而是很随意地丢在书桌上，暗地里观察儿子是否翻阅过这些杂志。直到有一天，儿子主动提出想报考中国科技大学,让爸爸帮他找资料。这时,他知道自己的目的达到了。如今,儿子成为了一名大学教授,但他至今没有告诉儿子自己当初的用意。

他说这其实是一种不露痕迹的诱导法,想让孩子做什么事,不要直接说,而是诱导孩子去关注并产生兴趣,用潜移默化的行为去影响孩子,即调动孩子的内驱力!

虎爸爸如果也尝试这么不露痕迹的做法的话,是不是效果会好点?不露痕迹是一种教育艺术,其实也是教育的一种最高境界。正如老子所言:"太上,不知有之。"你教育了他,但他并不知道你在教育他。

家长教育感悟:

都是本子惹的祸

最近作业特别多，本子不知不觉用完了。在我们家，本子资源掌握在虎爸爸手中，每次用新本子时，都要经过他的批准。

不仅如此，虎爸爸还有一个换新本子的规矩：必须拿着用完的作业本换新本子。只要里面出现空白页，新本子是换不回来的。这不，为了早点上学，早点拿到新本子，我拿出刚刚用完的一摞旧本子，磨磨蹭蹭地递给虎爸爸。虎爸爸不满意地说道："怎么干什么事都磨磨唧唧啊，就不能动作迅速点？"听虎爸爸说我的不好，我立刻变得不高兴起来，一下子把那一摞本子全部扔在地毯上。"哼，别以为我小就欺负我！就你没有缺点，就你十全十美？就你是老虎，我是绵羊？哼，哪里有战争哪里就有反抗！"我心中发泄着许许多多的不满。

"咋？要造反不是？小孩儿家哪有那么多脾气？是不是吃了豹子胆了？"虎爸爸看着满脸不高兴的我愤愤地说。他一边说一边翻看我用过的作业本，一本，又一本，我心里那个急啊："不就是一本本子嘛？犯得着用这种方式折磨我吗？再说了，我本来就知道节约，还用你来管束我吗？等我有了孩子，我要买很多很多本子，随便用。

这么多烦人的规矩，还让不让我喘气了？"

在虎爸爸认真细致地清点下，我终于拿到了崭新的本子，也终于逃脱了虎爸爸的魔爪，我把本子装进书包，风一般飞向了学校。哎，如果我是无拘无束的风，那可真就好了！

什么样的家庭规矩更乐意让孩子执行？

本文从女儿描述的用完旧本才能换新本，让女儿从小养成节约的好习惯可以看出，虎爸爸对孩子的教育是有原则的，而且一旦确立就不会随便打破。这点得给虎爸爸点赞！这是很多家长做不到的，很多家长前脚给孩子定规矩，后脚就破坏了规矩，导致孩子经常在无原则的状态下模棱两可，做事也便不能坚持。

但对于这么一个好的换本行为，女儿为什么会厌烦？会觉得虎爸爸是管束自己？文中有一个细节提到"虎爸爸规定……"。透过这句话可以看出，这个旧本换新本的规矩是虎爸爸制定的，不是共同商量后定的规矩。所以执行的时候女儿就显得勉强和不情愿，于是有了后文的磨磨蹭蹭。

虎爸爸看到女儿慢慢吞吞把一摞旧本拿来，认为是女儿做事磨蹭，实则磨蹭的行为背后是因为烦虎爸爸的换本规定，并不是习惯性的磨蹭。对虎爸爸的批评报之以火山爆发式的反抗也就不难理解了，她发泄的并不单单是对换本子的不满，而是虎爸爸的管制、强加、没有民主、硬性规定，这些让小作者感到压抑，感到透不过气，感到折磨。

这让我们不得不思考：家庭中怎样制定规则，孩子才乐意接受和遵守？举一个例子也许我们会受到启发。

北京市东城区有个史家胡同，这个胡同里有一块牌子，牌子上刻着金黄色的中英文版"史家社区公约"。因为有了这些公约，史家社区环境日益改善，连年被评为文明社区，还因此被《人民日报》等多家媒体报道。是因为这些公约跟宪法一样威严有震慑力吗？是因为这个社区的居民素质非常高吗？非也！我们看看这些公约的内容就会知道，诸如及时收起宠物的便便，晚上上楼梯脚步要轻、说话要低，小区停车不能提前占位等等，都是一些平常的大白话。那为什么居民会自觉遵守、自觉维护呢？原来这些文明公约都是社区居民共同提出、共同筛选、共同举手表决通过的，没有一条是由上级规定。因为是根据自身需求和利益提出的，居民就会自觉遵守和维护，也就用不着社区相关部门去监管，因此这个公约执行起来就比较容易。

由此，我们想到，家庭中制定一些规定时，是否也可以由孩子自己提出，或者由孩子和家长共同商讨形成，制定的是家庭公约，而非家庭规定。这样，制定时孩子有了参与感，认为大人尊重她，而且也能根据自身实际情况出发，制定的规则会更合理。执行规定时，因为是孩子自己提出的，更容易让孩子对自己的承诺负责，培养说到做到、言行一致的好品格和做事的责任感。

家长教育感悟:

我的紧箍咒何时休

还别说，虎爸爸和唐僧长得还真有点像，皮肤都白白的，都爱念咒语。不过，唐僧的咒语是念给孙悟空的，而虎爸爸的魔咒是念给可怜的我。这几年，我和虎爸爸之间，就像唐僧和孙悟空，我头上的紧箍咒一直戴着，而且不知要戴到何时？

元旦放假三天，本以为虎爸爸不会给我布置什么额外的作业。可运气总没那么好。放假第一天，虎爸爸就命令我做题，我气不打一处来！可还得按照他老人家的吩咐，火急火燎、匆匆忙忙做了份英语题交差。虎爸爸火眼金睛，刚看一眼，就大声呵斥起来："字写得怎么这么丑？"我一看情况不妙，虎爸爸今天好像心情不好，还没等他说完，赶紧学孙子兵法里的"三十六计，走为上计"，一溜烟跑了。

俗话说：躲得了初一，躲不过十五。晚上一回家，虎爸爸就开始大显骂功，这一个个"紧箍咒"紧紧地戴在我的头上，让我生不如死。他的紧箍咒念不够，可我早听得眼冒金星，迷迷糊糊地倒在床上。刚准备和周公下棋，炫耀一下我的棋艺，虎爸爸又来了"超级紧箍咒"："这道题怎么又错了！你什么时候才能全部做对？你还想不想学了……"我的耳朵里都长茧了,不时地配合他的唠叨呻吟两句:"哦,好的。"其实我的心里早起义了:"难道你的英语比我好?装模作样,还不是看的答案,就知道炫耀吹嘘自己了,切……有本事你自己做。"接着我又火速赶到周公面前,周公不耐烦地说:"等候多时,太浪费时间了,以后快点!"随后,我和周公开始了超级棋盘。

第二天,"唐僧"的碎碎念又在我的耳旁回响。唉!什么时候才能经历完九九八十一难,彻底远离"唐僧"的紧箍咒呢?

"紧箍咒"投射家长内心的焦躁

又是一篇饶有趣味的文章,把虎爸爸描写得活灵活现:像极了唐僧,不只因为白白净净的外表,更有那一年365天念不完的"紧箍咒",读到此处,仿佛那个虎爸爸已站到我们眼前。

短短三天假,虎爸爸拿来了撒手锏,这次不是数学题,不是《三字经》,却是英语题。虎爸爸行为反射的何尝不是当今大部分家长的现状?他们生怕孩子落后,生怕孩子浪费时间,恨不得一天24小时都让孩子学习,只要孩子在学习,他们就会内心得到安慰。

其实,这紧箍咒的背后反射的是家长内心的不安全感和不自信。真正有安全感的家长,他们有信念、有计划、有谋略、内心笃定,对自己、对家庭、对孩子有系统规划,他们相信孩子的能力,能平心静气地停下脚步,跟随孩子的节奏,静待花开。他们不会因为孩子一时的分数高低而乱了方寸,不会因为孩子一时的落后而焦躁不安。他们会站在未来看孩子现在的教育,他们知道比分数更重要的是孩子人生的幸福,他们知道培养孩子的思维习惯、生活素养比熟练掌握知识更重要。

北京电视台2018年春季《开学第一课》介绍了这样一位英语老师,她的教学即便是高考班,也依然是在课堂做游戏,并没有题海战术,她培养出的学生走向了世界各地。记者采访她的学生时,一位在美国攻读硕士的学生说:老师在英语课上培养他们英语思维、解决问题的方式、思维逻辑,对他以后的研究、做事都有着深远影响,而这些当时与高考并无关系。

这位英语老师说:教育是育人的教育,不是育分的教育,应该关注学生的情感、状态和学习方法,这些方面好起来了,分数自然会好。做老师如此,当家长又何尝不应如此呢?

不禁想起一首小诗:

纽约比加州早三个小时,

并不意味着加州的节奏比纽约慢。

有人22岁毕业,

但等了五年才有了稳定的工作。

有人25岁成为CEO,50岁英年早逝。

而有人50岁成为CEO,享受天年到90岁。

有人仍然单身,而有人已经结婚。

奥巴马55岁退休,而特朗普70岁开始。

毫无疑问,每个人在这个世上的工作都基于自己所在的时区。

你身边有人可能看起来跑在了你前面,有的似乎在你后边。

但是每个人都是在他们自己的时间里,跟自己赛跑。

不用嫉妒他们,也不用嘲弄他们,

他们都在自己的时区里，而你有你的时区。

生活，就是等待在恰当的那一刻行动，

所以，放轻松。

你没有晚，

你也没有早，

在你自己的时区里，你的节奏刚刚好。

正如这首小诗所说：每个人都在自己的时区里跟自己赛跑，每个人都有自己成长的节奏。活在自己的时区里，并不是惰怠，而是遵循生命成长和事物发展的规律，慢不得也急不得。教育孩子应该如此，我们大人的成长又何尝不是如此呢？

家长教育感悟：

第九章

温馨的家是孩子成长的乐园

醉鬼虎爸爸

家里有个醉鬼不是问题，问题是我家的醉鬼却是那看起来平易近人、内心却无比疯狂的虎爸爸。虎爸爸喝多了不可怕，可怕的是他喝多酒后，总是会做出一些令我和兔妈妈厌恶的事情来。

今晚，虎爸爸又去吃酒了，我和兔妈妈为了防止他骚扰，早早躲到温暖的被窝里睡觉了。迷迷糊糊中，听到楼道"咚咚"的大力脚步声，"当当"的钥匙敲碰声，让我这个在虎爸爸身边当了12年的"护心小贴士"察觉到"王"回来了。

门"吱"一声开了，一个恍恍惚惚的大影子在一缕月光下焦躁不安地出现了。刚进门，格外安静的小屋一下子热闹起来，电视声、脚步声、嚷嚷的说话声，一个接一个地进入我的耳朵。"一身酒气，又喝多了，快睡下，以防目标攻击。"我想。谁知，虎爸爸真是哪壶不开提哪壶，偏偏把我这个受害者吆喝了出来："丁丁！作业呢？"我一声不吱、装作睡熟的样子，在被窝里紧紧搂住兔妈妈的腿，害怕被抓住，准没有一个好下场。

没想到，可怕的事还是来临了。醉了酒的虎爸爸开始施展他的"魔术"了。一下子，我被虎爸爸像揪小鸡一样揪了起来，不仅如此，他还用那肮脏的大嘴咬住了我的小耳朵。我失控地大声呼救："兔妈妈，救命！我被虎爸爸袭击了！"说完，我急中生智，借着自己个头不高的优势,一个下蹲,从他的胯下挣扎着逃脱了魔爪。我和虎爸爸在卧室内一圈一圈地周旋,眼看又要捉到我了,危急时刻,兔妈妈像一堵墙一样挡住了那伸向我的魔爪,我以迅雷不及掩耳之势钻进了我的小窝——被子里。虎爸爸见我一下子消失不见了,立马走出了卧室,醉醺醺地在客厅里打起了丁氏醉酒太极拳,左边三下,右边五下,真像一个疯傻子。看着这样的一个醉鬼虎爸爸,我心中总是涌起一阵阵悲凉:"都说家长是孩子的榜样,可这样的醉鬼,不仅做不成榜样,还摧残了我稚嫩的心灵。既然不能喝酒,为什么要喝呢?既然喝醉了,为什么还要牵连到无辜的人呢?"

看着醉爸爸离开了战场,我那胆战心惊的肉体不再哆哆嗦嗦。搂着兔妈妈,安静地睡着了……在梦中,做了一个把醉鬼虎爸爸打倒的梦,我乐呵呵地笑了。

母爱——孩子源源不断的动力

  孩子对醉酒虎爸爸抓自己的描述，看得让人心惊，看到末尾处时，又不由长长松口气。一听虎爸爸喝酒，孩子就胆战心惊地产生了防备心理，可见这样的情景不是只发生了一次两次，而是多次。睡梦中被虎爸爸从被窝里拎起、咬耳朵等，面对这样的情景，孩子一定是吓得哇哇大哭的，但小作者没有这么做，而是采取了躲闪措施，描述起来像是在跟虎爸爸玩游戏，根本不是在躲打。

  不知是小作者遇到的类似情况太多，上有政策下有对策，还是因为有兔妈妈这个非常智慧又能理解孩子的好妈妈在身边？孩子的内心在受到虎爸爸伤害时，又能在兔妈妈的爱与理解下抚平。我想更多应该是后者吧。兔妈妈在文中的笔墨并不多，总是在危急时刻出场为女儿化解危机，但就是这么几个简单的举动，成了女儿爱的源头。如果没有兔妈妈，虎爸爸这种管制、命令、暴打等传统方式，一定会伤害到女儿内心，留下深深的阴影。

孩子在学校里受到多大的伤害，都没有家庭的伤害大，而家庭中受到父亲的伤害再大，如果有母亲的力量支持，孩子也会得到一些保护。因此，母爱，无论从哪个角度，都是孩子源源不断的动力。能抚平孩子受伤的心，能在孩子最无助的时候得到力量，最害怕的时候得以依靠。

由此，不禁为兔妈妈点赞！

家长教育感悟：

坐山观虎斗

我们家从来都不缺少"战争",虽说总体是好的,但时不时的,"战争贩子"虎爸爸总会在不同时间不同地点挑起事端。

这不,家庭大战又爆发了。不过这次不是针对我,而是虎爸爸和兔妈妈的"战争"。原因很简单,兔妈妈收拾房间时,把虎爸爸的东西给挪了地方。晚上虎爸爸回家后,要找的一件东西无论如何也找不到了,于是便开始埋怨兔妈妈。

刚开始两人还和颜悦色,你说一句他接一句,可说得多了,这话茬就多了起来。兔妈妈觉得挺冤枉,干家务活整理房间还有错了不成?有理语气就强硬。而虎爸爸也不甘示弱:"谁让你收拾我的东西了?我的东西虽然乱了一点,但起码我是乱中有序,谁让你给我动了?"我躲在房间中,坐山观虎斗,帮谁都不是。帮虎爸爸吧,确实觉得兔妈妈有理;帮兔妈妈吧,又怕得罪了虎爸爸,日后报复我,没有好果子吃。干脆,我还是装作没听见吧。

只听得外面唇枪舌剑,那叫一个激烈啊。说到后来,谁也说服不了谁,好像要动手了。虎爸爸拿起手中的报纸扔向了兔妈妈,兔妈妈身手敏捷,接住了报纸,又回扔了过去。不知道这样的场面持续了多长时间，我听得也累了，看得也累了，他们才停止了下来。

　　唉！发飙的两个人四目相对，可把我的小心脏吓得"咚咚"跳个不停，"这家庭大战太恐怖了。两天一小吵，三天一大闹，观战人都忍不住要当和事佬呢！唉，但愿这个家里少一次'战争'，多一份安静和幸福。"

家庭战争最大的牺牲品是孩子

本文有一个细微的地方，就是虎爸爸和兔妈妈吵架时，孩子躲在房间里似乎袖手旁观，其实内心却发生了激烈的斗争：帮虎爸爸吧，兔妈妈说得有理；帮兔妈妈吧，又怕虎爸爸报复自己。左右为难地做了半天心理斗争后，只好装没听见。

父母遇到这种情况，有时可能会埋怨孩子怎么就不站出来说句公道话？孩子的真实心理告诉了我们答案：不是她袖手旁观，而是她左右为难不知该怎么办。

同时被虎爸爸兔妈妈吓得心"咚咚"跳。孩子的心理兔妈妈是知道的，但虎爸爸就不一定了。

家庭矛盾，夫妻双方毕竟是大人，有深厚的感情基础，但伤害到的却是孩子，包括对孩子以后的婚姻恋爱观。

我身边有好多活生生的例子。一位男生30多了不愿意结婚，原因很简单，不是没有女朋友，而是怕结婚后还是重复跟父母一样三天一大吵、两天一小吵的生活。尽管父母再三催促，他就是迟迟不愿结婚。

家庭生活夫妻拌嘴是难免的,但应注意孩子的心灵是否受伤,注意疏解孩子的不良情绪,为孩子的未来做出榜样。

一天到晚忙碌的他

虎爸爸是一名医生,每天看起来都很忙,不信你看:上完夜班早上回到家的虎爸爸,饭还没顾上吃,手机铃声就此起彼伏地响了起来:"喂,丁大夫,你在家吗?"

虎爸爸:"在家,怎么,有事吗?""我父亲身体有点小毛病,去医院拍了个片子,麻烦你给看个片子如何?"虎爸爸:"没问题,来吧,我正在家吃饭呢。"

没过几分钟,电话铃声又响了起来:"丁大夫,你今天上不上班?"虎爸爸:"今天刚下夜班,怎么了?""我母亲想去医院拍个片,麻烦给问问什么时间去合适?"虎爸爸:"好的,我这就给您问。"

虎爸爸刚接完电话,门铃就响了起来,"铃铃铃",虎爸爸以迅雷不及掩耳之势跑过去,按下门铃:"谁啊,什么事情?"楼下的人说:"快递到了,快点下来签单。"虎爸爸:"噢,好的。"虎爸爸跑下楼签完单之后,换了一套衣服准备吃饭。刚吃了一口,电话又响了起来,"喂,是丁大夫?麻烦给我家女儿从网上订一套沈石溪系列小说,我不会从网上购物。""好的,没问题,马上给您订一套。"……虎爸爸满头大汗地订完单,才坐下来吃饭。

　　虎爸爸狼吞虎咽地吃了一口又一口,直到肚皮像一个圆滚滚的皮球,然后上床睡觉了。刚躺下十几分钟,手机支付宝发来一条短信:现在上网立即抢购商品,全场8折。虎爸爸看完后,一个鲤鱼打挺蹦起来,乐呵呵地朝楼上跑去……

　　这就是我一天到晚忙来忙去的超级虎爸爸。他的时间总是那么紧张,根本没有太多时间来搭理我这个当女儿的。大人们难道都这么忙吗?

批评孩子别老翻旧账

　　文中虎爸爸把女儿的"旧账"翻了一遍,而女儿也把虎爸爸的批评总结一遍,得出结论:在虎爸爸眼中我就是瑕疵,他就是翡翠!小作者想控诉的是:自己也是一块翡翠,为什么老爸就看不到呢?

　　看不到孩子的优点,把缺点无限放大。批评孩子时不是就事论事,而是直指孩子人格。西瓜芝麻扯出一大堆,给孩子定性:"你就是不认真!干什么都粗心大意!……"有时还要翻出自己辉煌的老皇历跟孩子做对比:"我像你这么大的时候……"这些其实是很多家长动辄就犯的毛病。

　　一个长期生活在被批评、指责、挖苦、讽刺的环境中,老被"翻旧账"的孩子会是怎样的呢?一种情况可能是这个孩子不服气你的批评,会奋起反抗,证明给你看;另一种则可能会觉得自己在父母面前永远无法翻身,无论怎么做,自己都是不好,今后就会放弃努力、自暴自弃、破罐破摔,朝你所批评的方向发展。

不陪孩子不是因为忙而是因为不懂

　　帮助了太多人,忽略了女儿;上网购物,忽略了女儿。怎么就这么忙,没人搭理我?女儿产生疑问:难道都这么忙?

　　统计一下,大人好像都是这么忙,但忙的结果如何?不得而知。

　　为什么大人宁愿去做很多与自己家孩子无关的事,而不愿陪孩子呢?因为没有意识到教育孩子这件事本身的价值。养育孩子是一个非常烦琐、需要耐心、又需要花费大量精力和时间的事,并且这是一个漫长的过程。父母意识不到一点一滴陪孩子的价值,宁愿去干家务,也不愿去陪孩子,这就是中国家庭的现状。

　　事实上真就那么忙吗?高质量的陪伴哪怕每天只有一小时,也是可以有效果的。很多人说忙得没时间管孩子,根本原因是没有认识到陪孩子的重要价值。尽管知道教育孩子重要,但仅限于口头和表面,回到实践中,就没有耐心了。

　　其实,看起来每天就是一日三餐、上学、放学、做作业这么一个流程化的生活，但孩子每一天都在发生变化，哪怕你眼睛24小时都盯着孩子看，都不能够穷尽孩子的变化和发展。而很多父母忽略了这些，宁愿去应酬，也不愿陪孩子。所以，忙不是理由，不懂不愿才是真实理由。

家长教育感悟：

虎爸爸恶语大袭击

1. 你的脑子能不能转点弯?
2. 你就只知道玩,别的什么都不会。
3. 你的脑子就是一块榆木疙瘩。
4. 这么简单的题都不会,看来我高估你了。
5. 你什么也不是。
6. 你简直笨死了。
7. 你看看人家的孩子,哪儿都比你好。
8. 考不了满分,别回来见我。
9. 我真是看够你了!
10. 你什么时间能让我省省心?

虎爸爸温情话语暖人心

1. 你今天表现得不错哦。
2. 爸爸相信你一定能考一个好成绩。
3. 饭已经做好了,快吃吧。
4. 今天给你买了很多书。
5. 今天给你买了好多零食,快吃吧。
6. 丁丁,爸爸尊重你的想法。
7. 丁丁,你一定会越来越好的。
8. 在爸爸心里,你永远都是最棒的!
9. 走,丁丁,一起出去玩一会儿!
10. 这是我特意为你留的。

假如我是虎爸爸（代后记）

假如我是虎爸爸，身边有一个活泼好动、天真烂漫、奇思妙想的孩子，那么我的孩子，请听我说……

孩子，我不会要求你门门功课都优秀，不会把分数看得比你的快乐还重要。只要你尽心尽力，只要你努力，我不会要你非考满分不可，更不会让你面对着99分的试卷哭泣。

孩子，我不会以家长的权威自居，我会做你的好朋友。我会和你一起玩游戏，输了也要刮鼻子；我不会大声训斥你，我要让你在快乐中成长；我会像爱你一样爱你带到家里来的小朋友，不介意你们把干净的地板弄脏，也不介意你们随意翻看我的书籍。

孩子，我不会强迫你学不喜欢的特长，你有什么爱好，我一定鼎力支持。如果你喜欢画画，我会给你买画笔和颜料；如果你喜欢体育，我会给你买球拍、球鞋；如果你喜欢轮滑，我会给你买最好的溜冰鞋；如果你喜欢写作，我会给你买许许多多的书籍报刊。

孩子，我会充分尊重你，因为你也是个有尊严的人。我不会用恶毒的语言骂你，如果你做错了事情，我会诚恳地指出来，帮你分析发生问题的原因，不会对你横加指责；我会给你充足的面子，不会在公开场合大声训斥你，当然，你是我的宝贝，我只能尽我所能保护你，绝不会使用暴力打你。

　　孩子，我不会什么事都要替你包办设计。我不会帮你叠被子、洗衣服，也不会帮你收拾书包、削铅笔。但是，当你需要爸爸的时候，你一转身，就能看到我。你是我最爱的宝贝，我要让你健康成长，有知识、有能力、有好的习惯和素养。

　　孩子，我不会把自己没实现的愿望寄托在你身上。你不是长大后愿意做一名狗狗服装设计师吗？爸爸不会嘲笑你，会让你放飞自己的梦想，在人生的道路上学会有梦就去追。爸爸所需要做的就是永远是你坚定的支持者，呐喊者，加油者。

　　但是，假如就是假如，我不是虎爸爸，我是虎爸爸的女儿。虎爸爸，虽然你有很多我不能接受的缺点，但同时你也有很多我需要学习的优点，无论如何，我要感谢我的虎爸爸，感谢你给了我生命，感谢你给了我很多无微不至的关心和爱。你是爱我的，但我多么希望你能是我心目中的虎爸爸，如果那样的话，我该多么幸福而快乐啊！

小作者　丁丁